INVERTIR EN MINERAS DE BITCOIN COTIZADAS

Andromeda Creations

Copyright © 2024 Andromeda Creations
Todos los derechos reservados.
ISBN: 9798340523013

CONTENIDO

	INTRODUCCIÓN	1
1	EL ECOSISTEMA DEL BITCOIN	12
2	¿QUÉ SON LAS MINERAS DE BITCOIN?	18
3	FACTORES CLAVE PARA EVALUAR A LAS MINERAS DE BITCOIN	25
4	ANÁLISIS DE RIESGOS EN LA INVERSIÓN EN MINERAS DE BITCOIN	32
5	ESTRATEGIAS DE INVERSIÓN EN MINERAS DE BITCOIN	40
6	PRINCIPALES MINERAS DE BITCOIN COTIZADAS	48
7	EL FUTURO DE LA MINERÍA DE BITCOIN Y LAS OPORTUNIDADES DE INVERSIÓN	65
8	LA TRANSICIÓN HACIA CENTROS DE DATOS PARA LA INTELIGENCIA ARTIFICIAL (HPC)	73
9	CONCLUSIÓN: CÓMO APROVECHAR EL CRECIMIENTO DE LA MINERÍA DE BITCOIN	86

DESCARGO DE RESPONSABILIDAD

La información contenida en este documento no debe interpretarse como asesoramiento financiero ni como una recomendación para realizar inversiones.

Este material tiene únicamente fines informativos y educativos. El autor no será responsable por ninguna pérdida financiera derivada de decisiones de inversión tomadas por el lector. Todas las inversiones conllevan riesgos, y es responsabilidad del inversor evaluar cuidadosamente cualquier decisión antes de comprometer su capital.

Investigue por su cuenta. Asegúrese de realizar su propio análisis de manera independiente y no se base exclusivamente en la información presentada aquí ni en la opinión de terceros. Todas las decisiones de inversión deben tomarse con pleno conocimiento y bajo su propia responsabilidad.

INTRODUCCIÓN

La revolución tecnológica del siglo XXI ha traído consigo múltiples avances en todos los sectores de la economía global, pero pocos han sido tan transformadores como el surgimiento de las criptomonedas. Entre ellas, el Bitcoin ha emergido como el líder indiscutible, redefiniendo conceptos de valor, transacción y confianza en una economía global interconectada. Bitcoin no solo representa una moneda digital descentralizada, sino que también ha dado lugar a toda una industria a su alrededor, de la cual las empresas de minería de Bitcoin cotizadas en bolsa son una parte crucial.

El objetivo de esta introducción es proporcionar un panorama general del Bitcoin, la minería y las oportunidades de inversión que presentan las empresas mineras cotizadas. A medida que profundizamos en los próximos capítulos, exploraremos cómo los inversores pueden participar en esta industria emergente, cuáles son los factores críticos para el éxito y qué desafíos pueden enfrentar. Pero antes de sumergirnos en los detalles técnicos, es esencial comprender los fundamentos del Bitcoin y su relación con la minería.

La Revolución del Bitcoin
En 2009, un desarrollador o grupo de desarrolladores anónimos

bajo el seudónimo de Satoshi Nakamoto lanzaron Bitcoin, la primera criptomoneda. Lo que comenzó como un experimento tecnológico se ha convertido en un fenómeno financiero global que ha revolucionado la manera en que las personas piensan sobre el dinero. Bitcoin fue diseñado como un sistema de efectivo electrónico descentralizado que no dependía de bancos centrales o intermediarios. En lugar de confiar en una autoridad central, Bitcoin utiliza la tecnología de la cadena de bloques o blockchain, que permite transacciones directas, seguras y transparentes entre usuarios.

Desde su creación, el Bitcoin ha sido un activo altamente volátil, con picos dramáticos en su valor seguidos de caídas abruptas. Sin embargo, la tendencia general ha sido un crecimiento sostenido, con una adopción cada vez mayor tanto por inversores minoristas como institucionales. Este crecimiento ha generado una creciente demanda por procesar y validar transacciones en la red de Bitcoin, lo que ha dado lugar a la industria de la minería.

¿Qué es la minería de Bitcoin?

La minería de Bitcoin es el proceso mediante el cual se validan las transacciones y se aseguran los bloques en la cadena de bloques de Bitcoin. A través de un proceso llamado prueba de trabajo (Proof of Work, PoW), los mineros resuelven complejos problemas matemáticos que verifican la legitimidad de las transacciones. A cambio de proporcionar este servicio de validación, los mineros son recompensados con nuevos bitcoins, junto con las tarifas asociadas a las transacciones incluidas en el bloque.

El concepto puede parecer simple en teoría, pero la realidad es que la minería de Bitcoin es un proceso intensivo en recursos. A medida que más mineros participan en la red y la competencia por minar bloques aumenta, se requiere un mayor poder de cómputo para resolver los problemas matemáticos necesarios para validar las transacciones. Este poder de cómputo está directamente relacionado con la cantidad de energía que consume una operación de minería, lo que convierte a la electricidad y a los equipos especializados (conocidos como ASICs, siglas de Application-Specific Integrated Circuits) en factores críticos para determinar la rentabilidad de una empresa minera.

Las empresas mineras de Bitcoin cotizadas

Durante los primeros años de Bitcoin, la minería era realizada principalmente por entusiastas individuales que utilizaban ordenadores domésticos. Sin embargo, con el tiempo, la minería se ha profesionalizado y ahora está dominada por grandes empresas con instalaciones a escala industrial. Estas empresas mineras han establecido operaciones con cientos, o incluso miles, de equipos de minería, capaces de generar enormes cantidades de poder de cómputo. Muchas de estas empresas han decidido cotizar en bolsa, abriendo sus operaciones al público inversor.

Invertir en estas empresas es una forma indirecta de ganar exposición al mercado de Bitcoin sin tener que comprar la criptomoneda directamente. Para los inversores que desean beneficiarse del auge del Bitcoin, pero que pueden estar preocupados por los riesgos inherentes de poseer criptomonedas (como el almacenamiento seguro y la volatilidad extrema), las empresas mineras ofrecen una alternativa atractiva. Empresas como Marathon Digital, Riot Blockchain y Hut 8 se han establecido como actores clave en la industria, y al cotizar en bolsas públicas, han permitido a los inversores participar en su crecimiento. Más adelante analizaremos cuáles son las principales mineras cotizadas en bolsa.

¿Por qué invertir en mineras de Bitcoin cotizadas?

El mercado de Bitcoin es conocido por su volatilidad. Los precios pueden subir o bajar rápidamente, lo que puede asustar a los inversores tradicionales. Sin embargo, las empresas mineras de Bitcoin ofrecen una forma de suavizar esta volatilidad, ya que sus ingresos no dependen únicamente del precio de Bitcoin, sino también de factores como la eficiencia operativa, el coste de la electricidad y la tecnología que utilizan.

Invertir en una minera de Bitcoin cotizada también puede proporcionar a los inversores transparencia y regulación. A diferencia de muchas empresas privadas o proyectos descentralizados en el espacio criptográfico, las empresas cotizadas deben cumplir con normas regulatorias estrictas, incluyendo la divulgación de información financiera y operativa. Esto permite a los inversores realizar análisis detallados sobre la salud financiera y las perspectivas de crecimiento de la empresa.

Por otro lado, es importante reconocer que estas inversiones también conllevan riesgos. Además de la volatilidad de los precios de Bitcoin, las empresas mineras se enfrentan a desafíos operativos relacionados con el alto coste de la energía, la necesidad de hardware costoso y especializado, y la intensa competencia global. Las mineras también están expuestas a cambios regulatorios, especialmente en lo que respecta al consumo energético y el impacto ambiental, lo que podría afectar su rentabilidad a largo plazo.

Objetivo del libro

Este libro tiene como objetivo proporcionar una guía completa para cualquier persona interesada en invertir en mineras de Bitcoin cotizadas. A lo largo de los capítulos, desglosaremos:

- Qué son las mineras de Bitcoin, cómo operan y qué desafíos enfrentan.
- Cómo evaluar las empresas mineras en términos financieros, operativos y tecnológicos.
- Qué factores influyen en la rentabilidad de las mineras, desde el precio de Bitcoin hasta los costes energéticos y la regulación.
- Qué estrategias de inversión existen para capitalizar el crecimiento de estas empresas.

- Cuáles son las mejores prácticas para minimizar riesgos y maximizar oportunidades en este sector emergente.

Al final de este libro, los lectores tendrán una comprensión profunda no solo de cómo funcionan las mineras de Bitcoin cotizadas, sino también de cómo tomar decisiones informadas de inversión en este sector.

El auge de las criptomonedas y, en particular, de las empresas de minería de Bitcoin, ha creado un nuevo mundo de oportunidades para los inversores. Sin embargo, también es un espacio complejo y en rápida evolución que requiere una comprensión clara de sus dinámicas y riesgos. Este libro servirá como una herramienta valiosa para navegar por este emocionante y, a veces, desafiante mercado.

Prepárate para descubrir el fascinante mundo de las mineras de Bitcoin y cómo puedes convertirte en un inversor informado en este sector lleno de potencial.

En el siguiente capítulo, exploraremos en detalle qué es Bitcoin, cómo funciona la tecnología que lo sustenta, y por qué ha cambiado para siempre la forma en que entendemos las finanzas globales.

1 EL ECOSISTEMA DEL BITCOIN

El Bitcoin es mucho más que una criptomoneda; es una tecnología disruptiva que ha captado la atención de gobiernos, empresas, inversores e individuos de todo el mundo. Su aparición ha transformado radicalmente la forma en que entendemos el dinero, las transacciones y la economía global. Para comprender el papel de las empresas mineras de Bitcoin cotizadas, es esencial explorar el ecosistema más amplio en el que operan.

En este capítulo, abordaremos la historia del Bitcoin, la tecnología que lo sustenta llamada blockchain, el funcionamiento de la minería y los desafíos y oportunidades que presenta este ecosistema en constante evolución.

1.1. Breve Historia del Bitcoin

Bitcoin fue creado en 2009 por un individuo o grupo de personas bajo el pseudónimo de Satoshi Nakamoto. En su documento técnico titulado "Bitcoin: Un sistema de efectivo electrónico entre pares" (Bitcoin: A Peer-to-Peer Electronic Cash System), Nakamoto propuso una moneda digital descentralizada que permitiera transacciones directas entre usuarios sin necesidad de intermediarios como bancos o procesadores de pago. Este enfoque representaba un cambio fundamental respecto al sistema financiero tradicional.

Desde sus inicios, el Bitcoin ha experimentado una evolución significativa. Al principio, solo un pequeño grupo de entusiastas y programadores entendía su potencial. Sin embargo, a medida que su adopción fue creciendo, también lo hizo su valor, pasando de unos pocos centavos en sus primeros días a miles de dólares en la actualidad. Este incremento en su valor ha captado la atención de inversores institucionales, empresas tecnológicas y hasta gobiernos, que comenzaron a considerarlo tanto como una reserva de valor como una nueva clase de activo.

Sin embargo, Bitcoin no ha estado exento de controversias. Su asociación inicial con actividades ilegales, como el mercado negro de Silk Road, y su uso en transacciones anónimas levantaron preocupaciones sobre su regulación y su papel en la economía. A pesar de estos desafíos, su uso legítimo ha crecido exponencialmente, y Bitcoin ha sido adoptado por grandes corporaciones, plataformas de pago y naciones como El Salvador, que lo ha reconocido como moneda de curso legal.

1.2. La Tecnología Blockchain

El corazón del Bitcoin es su tecnología subyacente: la blockchain o cadena de bloques. Esta tecnología no solo permite la existencia del Bitcoin, sino que ha desencadenado una ola de innovación en varios sectores. Entender cómo funciona la blockchain es crucial para comprender por qué Bitcoin es seguro, transparente y descentralizado.

¿Qué es la Blockchain?

La blockchain es un libro mayor distribuido que registra todas las transacciones realizadas en la red Bitcoin de manera pública, segura y descentralizada. A diferencia de los sistemas de bases de datos tradicionales, en los que una autoridad central (como un banco) valida y almacena las transacciones, en la blockchain, las transacciones son verificadas por una red de participantes independientes, conocidos como nodos.

Cada bloque en la cadena contiene un conjunto de transacciones y está vinculado al bloque anterior mediante un proceso criptográfico, formando así una cadena de bloques que se remonta al bloque génesis (el primer bloque minado). Debido a la naturaleza de la cadena de bloques, cualquier intento de alterar un bloque anterior sería inmediatamente detectable, ya que afectaría a todos los bloques posteriores.

¿Por qué es importante la descentralización?

La descentralización es una de las características más importantes de Bitcoin y la blockchain. En lugar de depender de un solo punto de control, como un banco central o una entidad financiera, el Bitcoin confía en la colaboración de miles de nodos alrededor del mundo para mantener y verificar la red.

Esta estructura descentralizada tiene varios beneficios:

- Seguridad: No hay un único punto de falla. Para hackear la red, un atacante tendría que controlar al menos el 51% de todo el poder computacional de la red, lo cual es extremadamente costoso y prácticamente inviable.
- Transparencia: Todas las transacciones son públicas y pueden ser verificadas por cualquier persona. Aunque las identidades detrás de las transacciones son pseudónimas, la transparencia de las transacciones refuerza la confianza en el sistema.
- Resistencia a la censura: Como no hay una autoridad central que controle la red, es casi imposible censurar o bloquear transacciones de forma arbitraria.

1.3. La Minería de Bitcoin

La minería de Bitcoin es el proceso por el cual se agregan nuevos bloques a la cadena de bloques de Bitcoin y se validan las transacciones. Para comprender cómo funciona este proceso, es importante familiarizarse con el concepto de prueba de trabajo (Proof of Work o PoW).

¿Qué es la prueba de trabajo?
La prueba de trabajo es un mecanismo de consenso utilizado por Bitcoin para garantizar la seguridad y la integridad de la red. Los mineros, que son individuos o empresas que operan nodos especializados, compiten entre sí para resolver complejos problemas matemáticos que requieren una cantidad significativa de poder computacional. El primer minero que resuelve el problema tiene el derecho de agregar un nuevo bloque a la blockchain y recibir una recompensa en Bitcoin por su trabajo, más las tarifas de las transacciones incluidas en ese bloque.

Este proceso es lo que se conoce como "minería", ya que los mineros están "extrayendo" nuevos Bitcoins. Actualmente, la recompensa por minar un bloque es de 3,125 BTC (desde Abril del 2024), aunque este número se reduce cada cuatro años en un evento conocido como el halving de Bitcoin, lo que discutiremos más adelante.

Equipos de minería: ASICs
En los primeros días de Bitcoin, los mineros podían usar sus ordenadores personales o tarjetas gráficas (GPUs) para participar en la minería. Sin embargo, a medida que la competencia aumentó, el proceso de minería se volvió más exigente y surgieron equipos especializados conocidos como ASICs (Application-Specific Integrated Circuits), diseñados específicamente para minar Bitcoin de manera eficiente. Los ASICs son mucho más potentes que los ordenadores

convencionales y pueden realizar millones de cálculos por segundo. Sin embargo, también consumen grandes cantidades de electricidad, lo que ha hecho que la ubicación geográfica de las operaciones mineras sea crucial para la rentabilidad de las empresas. Aquellos que puedan acceder a energía barata (como en países con abundancia de recursos hidroeléctricos o eólicos) tienen una ventaja significativa en términos de costos.

1.4. Desafíos y Oportunidades en el Ecosistema Bitcoin

El ecosistema del Bitcoin, aunque lleno de promesas, también presenta una serie de desafíos para los inversores, las empresas mineras y la comunidad en general. A continuación, se destacan algunos de los principales desafíos y oportunidades.

Desafíos
• Volatilidad del precio: El Bitcoin ha demostrado ser un activo altamente volátil, con fluctuaciones de precio que pueden variar dramáticamente en cortos períodos. Esto puede afectar tanto a los inversores como a las empresas mineras, ya que sus ingresos dependen directamente del valor del Bitcoin que extraen.
• Consumo energético: La minería de Bitcoin requiere una cantidad significativa de energía, lo que ha generado críticas por su impacto ambiental. Muchas empresas mineras están respondiendo a estas preocupaciones utilizando fuentes de energía renovable, pero el debate sobre la sostenibilidad del Bitcoin continúa.
• Regulación: A medida que Bitcoin y otras criptomonedas ganan adopción, los gobiernos de todo el mundo están desarrollando marcos regulatorios para controlar su uso. Las leyes y regulaciones pueden variar significativamente según la

jurisdicción, y las empresas mineras deben estar atentas a los cambios regulatorios que puedan afectar su negocio.

Oportunidades

• Creciente adopción institucional: A medida que más inversores institucionales y grandes corporaciones adoptan Bitcoin como una reserva de valor o medio de pago, la demanda de la criptomoneda sigue aumentando. Esto beneficia directamente a las empresas mineras, ya que se genera una mayor demanda de su "producto".

• Descentralización financiera (DeFi): El auge de las plataformas de finanzas descentralizadas, construidas sobre la tecnología blockchain, está aumentando la relevancia del Bitcoin como un activo seguro y confiable dentro de este ecosistema en expansión.

• Avances tecnológicos: A medida que la tecnología de minería sigue evolucionando, con ASICs más eficientes y energías renovables más accesibles, las empresas mineras podrán reducir sus costes y mejorar su rentabilidad.

En conclusión, el ecosistema de Bitcoin es complejo, fascinante y dinámico. Desde su creación en 2009, Bitcoin ha crecido de ser un proyecto experimental a convertirse en una de las clases de activos más emocionantes del siglo XXI. La tecnología blockchain ha demostrado ser una solución revolucionaria para la transparencia y la descentralización, mientras que la minería de Bitcoin ha evolucionado para convertirse en una industria altamente competitiva y sofisticada.

Este ecosistema presenta tanto desafíos como oportunidades para los inversores y las empresas. En los siguientes capítulos, exploraremos más a fondo el papel de las empresas mineras de Bitcoin cotizadas, cómo funcionan y qué factores influyen en su éxito o fracaso.

2 ¿QUÉ SON LAS MINERAS DE BITCOIN?

A medida que el Bitcoin ha crecido y evolucionado, las operaciones de minería han pasado de ser una actividad individual realizada en ordenadores domésticos a convertirse en una industria a gran escala dominada por empresas mineras de Bitcoin que cotizan en las principales bolsas de valores del mundo. Estas empresas no solo desempeñan un papel crucial en el mantenimiento de la red de Bitcoin, sino que también brindan a los inversores una oportunidad única para obtener exposición al mercado de criptomonedas sin necesidad de comprar Bitcoin directamente.

En este capítulo, vamos a explorar qué son las mineras de Bitcoin, cómo funcionan, por qué han optado por cotizar en bolsa y qué factores influyen en su rentabilidad. Al final de este capítulo, los lectores comprenderán en profundidad cómo estas empresas operan dentro del ecosistema de Bitcoin y qué consideraciones deben tener en cuenta los inversores interesados en este sector.

2.1. Definición de una Minera de Bitcoin

Una minera de Bitcoin es una empresa dedicada al proceso de minería de Bitcoin a gran escala. Su principal actividad es utilizar equipos especializados (principalmente ASICs) para validar transacciones en la red de Bitcoin, agregar nuevos bloques a la blockchain y recibir recompensas en forma de Bitcoin por hacerlo.

A diferencia de los mineros individuales, que pueden operar desde sus hogares o pequeñas instalaciones, las mineras de Bitcoin a gran escala suelen contar con enormes instalaciones que albergan cientos o miles de dispositivos de minería. Estas instalaciones requieren no solo una infraestructura avanzada, sino también acceso a grandes cantidades de energía, ya que la minería de Bitcoin es un proceso extremadamente intensivo en términos de consumo eléctrico.

Existen diferentes enfoques para la minería a gran escala:
- Minería privada: Empresas que operan sus propias granjas de minería, gestionando tanto la infraestructura como los equipos.
- Minería en la nube: Algunas empresas ofrecen servicios de minería en la nube, lo que permite a los inversores alquilar poder de cómputo sin necesidad de comprar equipos o gestionar operaciones de minería directamente.
- Pools de minería: Grupos de mineros que combinan su poder de cómputo para aumentar sus probabilidades de éxito en la minería y dividir las recompensas obtenidas.

2.2. ¿Por qué una Empresa Minera Cotiza en Bolsa?

En los últimos años, varias empresas mineras de Bitcoin han

decidido salir a bolsa. Esto significa que sus acciones se negocian en bolsas de valores públicas, como el NASDAQ o la Bolsa de Toronto, permitiendo a inversores de todo el mundo comprar y vender participaciones en estas empresas.

Existen varias razones por las que una empresa minera de Bitcoin podría optar por cotizar en bolsa:

Acceso al Capital
Uno de los principales beneficios de salir a bolsa es el acceso a mayores cantidades de capital. La minería de Bitcoin es una actividad intensiva en capital, ya que requiere la compra constante de nuevos equipos de minería, mantenimiento de infraestructuras y el pago de altos costes energéticos. Al cotizar en bolsa, las empresas pueden emitir nuevas acciones para recaudar fondos que les permitan expandir sus operaciones y mantenerse competitivas en un mercado que avanza rápidamente.

Mayor Transparencia y Confianza
Cotizar en bolsa también implica someterse a un mayor escrutinio regulatorio y de los inversores. Esto obliga a las empresas a proporcionar información financiera transparente, lo que puede aumentar la confianza de los inversores. Las mineras de Bitcoin que cotizan en bolsa deben cumplir con regulaciones rigurosas, como la publicación de estados financieros trimestrales y anuales, auditorías externas y la divulgación de riesgos operativos.

Para los inversores, esto significa que pueden realizar un análisis más profundo sobre la salud financiera de la empresa y tomar decisiones más informadas. Esta transparencia es especialmente valiosa en una industria como la de las criptomonedas, donde los riesgos percibidos son altos y la información puede ser limitada en el caso de empresas privadas.

Mejora de la Liquidez

Para los fundadores y primeros inversores en una empresa minera de Bitcoin, cotizar en bolsa también les permite mejorar la liquidez de sus participaciones. A diferencia de una empresa privada, donde las acciones no se pueden vender fácilmente, en una empresa pública las acciones se negocian diariamente en las bolsas, lo que brinda a los accionistas la posibilidad de vender parte o la totalidad de sus inversiones en cualquier momento.

2.3. Cómo Funcionan las Empresas Mineras de Bitcoin

Aunque todas las mineras de Bitcoin comparten el mismo objetivo de validar transacciones y generar Bitcoins, sus operaciones pueden variar significativamente según su modelo de negocio, la ubicación de sus instalaciones y las estrategias tecnológicas que empleen. A continuación, describimos los principales factores que influyen en el funcionamiento de una minera de Bitcoin:

Equipos de Minería (ASICs)
El hardware de minería es uno de los elementos más cruciales para el éxito de una minera de Bitcoin. Los ASICs son dispositivos diseñados específicamente para realizar la función de minería de manera eficiente. Cuanto más potente sea el hardware, más probabilidades tendrá la empresa de resolver los complejos problemas matemáticos necesarios para minar bloques.

Las empresas mineras están en una competencia constante por adquirir y actualizar sus ASICs para mantenerse al día con los avances tecnológicos. Los fabricantes de ASICs, como Bitmain y MicroBT, son los principales proveedores de estos dispositivos, y los precios de los ASICs pueden variar significativamente dependiendo de la demanda y la capacidad del equipo.

Consumo de Energía y Ubicación

La electricidad es el segundo mayor coste para las mineras de Bitcoin después de los equipos de minería. Debido a la gran cantidad de energía requerida para operar los ASICs, las empresas mineras buscan ubicaciones donde la electricidad sea barata y abundante. Muchas mineras se han establecido en regiones con acceso a fuentes de energía renovable, como la energía hidroeléctrica o eólica, para reducir costes y minimizar su impacto ambiental.

Algunos de los países más populares para las instalaciones mineras incluyen Estados Unidos, Canadá e Islandia, debido a su acceso a energía barata, clima favorable (que ayuda a enfriar los equipos de minería) y marcos regulatorios estables.

Recompensa de Bloques y Halvings

La recompensa de los mineros proviene de dos fuentes principales: la recompensa por bloque y las tarifas de transacción. Cada vez que un minero agrega un nuevo bloque a la blockchain, recibe una cierta cantidad de bitcoins como recompensa. Sin embargo, esta cantidad disminuye con el tiempo en un proceso conocido como halving.

El halving ocurre aproximadamente cada cuatro años y reduce la recompensa por bloque a la mitad. Por ejemplo, en 2020 la recompensa por bloque era de 12,5 BTC, y después del halving de ese año, se redujo a 6,25 BTC. En 2024, la recompensa se ha reducido nuevamente a 3,125 BTC. Este mecanismo de reducción de la oferta está diseñado para controlar la inflación del Bitcoin, pero también representa un desafío para las mineras, ya que reciben menos Bitcoin por la misma cantidad de trabajo realizado.

Para compensar la disminución de la recompensa, las empresas mineras deben mejorar su eficiencia, reducir costes o beneficiarse de un aumento en el precio de Bitcoin. El halving puede tener un impacto significativo en la rentabilidad de las mineras, lo que hace que la planificación a largo plazo sea crucial.

Ingresos Diversificados
Si bien la minería de Bitcoin es la principal fuente de ingresos para estas empresas, algunas mineras cotizadas están comenzando a diversificar sus fuentes de ingresos. Por ejemplo, algunas empresas están utilizando su poder computacional para minar otras criptomonedas como Ethereum o Litecoin, o están desarrollando servicios complementarios como el alquiler de poder de cómputo a terceros.

Además, algunas mineras de Bitcoin están explorando la posibilidad de incorporar soluciones de energía renovable, vendiendo el excedente de energía a redes eléctricas locales o aprovechando la energía no utilizada en sus operaciones.

2.4. Principales Empresas Mineras de Bitcoin Cotizadas

A medida que las mineras de Bitcoin ganan protagonismo, varias de ellas han logrado posicionarse como líderes en la industria. Las principales mineras cotizadas son Marathon Digital Holdings, Riot Platforms, Hut 8 Mining, Bitfarms, CleanSpark, TeraWulf, Iris Energy, Cipher Mining, Bitdeer Technologies Group, Bit Digital, HIVE Digital Technologies, y Core Scientific.

Analizaremos en detalle cada una de ellas en el capítulo 6.

En conclusión, las empresas mineras de Bitcoin cotizadas representan una oportunidad única para los inversores interesados en obtener exposición al mercado de las criptomonedas sin tener que comprar directamente Bitcoin. Estas empresas operan en un entorno complejo, donde factores como el coste de la electricidad, la eficiencia del hardware, la regulación y el halving de Bitcoin juegan un papel crucial en su rentabilidad. Al salir a bolsa, estas empresas no solo mejoran su acceso a capital, sino que también ofrecen una mayor transparencia y liquidez a los inversores. Sin embargo, la volatilidad inherente al precio del Bitcoin y los desafíos operativos hacen que invertir en estas empresas conlleve ciertos riesgos que deben ser cuidadosamente evaluados.

En el próximo capítulo, exploraremos los factores clave que los inversores deben tener en cuenta al evaluar una empresa minera de Bitcoin cotizada, incluyendo sus métricas de rentabilidad, la calidad de su gestión, su acceso a energía barata y su capacidad para adaptarse a un entorno tecnológico y regulatorio en constante cambio.

3 FACTORES CLAVE PARA EVALUAR A LAS MINERAS DE BITCOIN

Invertir en empresas mineras de Bitcoin puede ser una opción lucrativa, pero también conlleva una serie de riesgos y desafíos. Para los inversores, es crucial comprender los factores que pueden influir en el éxito o fracaso de estas empresas. En este capítulo, exploraremos los factores clave que los inversores deben evaluar antes de invertir en una minera de Bitcoin cotizada. Analizaremos desde su estructura de costes hasta la calidad de la gestión, pasando por su infraestructura tecnológica, la estrategia de expansión y la capacidad de adaptación a los cambios en el entorno regulatorio.

3.1. Estructura de Costes: Energía y Equipos

Uno de los elementos más determinantes para la rentabilidad de una minera de Bitcoin es su estructura de costos, que está compuesta principalmente por dos factores clave: el consumo de energía y el hardware de minería.

Consumo Energético

La electricidad es el mayor gasto operativo de las mineras de Bitcoin, y la eficiencia en el uso de la energía es esencial para mantenerse competitivos. La minería requiere grandes cantidades de energía, ya que los ASICs (Application-Specific Integrated Circuits) trabajan a su máxima capacidad para resolver los complejos cálculos criptográficos necesarios para validar transacciones.

Factores a evaluar en el consumo energético:
•   Coste de la electricidad: Las mineras ubicadas en regiones con tarifas eléctricas bajas, como áreas con abundante energía hidroeléctrica o fuentes renovables, tienen una ventaja competitiva considerable. Países como Islandia, Canadá y partes de Estados Unidos (especialmente Texas) son conocidos por ofrecer electricidad a bajo costo.
•   Uso de energías renovables: Las empresas que recurren a fuentes de energía renovable no solo reducen costes, sino que también responden a las preocupaciones ambientales de los inversores. La transición hacia energías limpias puede mejorar la percepción pública y reducir la volatilidad de los precios energéticos.
•   Eficiencia energética: La eficiencia en el consumo de energía, medida por la relación entre el poder de cómputo y el gasto eléctrico, es crucial. Los ASICs de última generación son más eficientes, permitiendo a las empresas minar más Bitcoin por unidad de energía utilizada.

Hardware de Minería
El hardware utilizado por las mineras de Bitcoin es otro factor clave que afecta su rentabilidad. La competencia entre mineros hace que aquellos con equipos más avanzados y eficientes tengan mayores probabilidades de éxito.

Aspectos clave sobre los equipos de minería:
•   Capacidad computacional: Las mineras que utilizan ASICs de alta capacidad, como los fabricados por Bitmain o

MicroBT, tienen una mayor capacidad para procesar transacciones y minar Bitcoin. La potencia de cómputo se mide en terahashes por segundo (TH/s); cuanto mayor sea esta cifra, más eficiente será la operación minera.

• Ciclo de vida del hardware: Los ASICs no tienen una vida útil infinita. A medida que los equipos envejecen, se vuelven menos eficientes y rentables. Por lo tanto, es importante evaluar la frecuencia con la que una empresa actualiza sus equipos y la estrategia de reemplazo de hardware que utiliza.

• Innovación tecnológica: La capacidad de una empresa para adquirir equipos de última generación antes que sus competidores puede ser una ventaja crucial. Las empresas con acceso temprano a innovaciones tecnológicas suelen estar mejor posicionadas en el mercado.

3.2. Estrategia de Expansión y Escalabilidad

Para que una minera de Bitcoin cotizada tenga éxito a largo plazo, debe ser capaz de escalar sus operaciones de manera eficiente. A medida que el mercado de criptomonedas crece y la minería se vuelve más competitiva, las empresas mineras deben encontrar formas de aumentar su poder computacional sin incurrir en costes excesivos.

Expansión de Infraestructura

Una empresa minera que pueda expandir su infraestructura de manera efectiva podrá aumentar su participación en el mercado y capturar una mayor proporción de las recompensas por bloque. Sin embargo, expandir la infraestructura también implica importantes inversiones de capital, por lo que las empresas deben tener un equilibrio entre crecimiento y costos.

Factores clave a considerar:

- Capacidad para atraer capital: Las mineras cotizadas que puedan recaudar capital a través de ofertas de acciones o deuda estarán mejor posicionadas para expandir sus operaciones. Empresas como Marathon Digital Holdings o Riot Platforms han utilizado este enfoque para financiar expansiones importantes.
- Localización estratégica: La ubicación de las nuevas instalaciones es esencial. Las empresas deben tener acceso a energía barata, regulaciones favorables y un clima adecuado para el enfriamiento de los equipos de minería. Las áreas frías o con infraestructura energética establecida son ideales.

Alianzas y Colaboraciones

Otra estrategia importante para la expansión es la colaboración con otras empresas del ecosistema. Algunas mineras de Bitcoin han formado alianzas con compañías de tecnología o energía para acceder a hardware de última generación o tarifas eléctricas más competitivas.

3.3. Salud Financiera y Rentabilidad

Evaluar la salud financiera de una empresa minera es fundamental para cualquier inversor. Aunque las mineras de Bitcoin pueden parecer rentables durante los períodos de altos precios de Bitcoin, su rentabilidad puede fluctuar significativamente en función de varios factores.

Análisis de Ingresos

El principal flujo de ingresos de una minera de Bitcoin proviene de la recompensa por bloque y las tarifas de transacción que reciben por validar bloques en la blockchain. Sin embargo, los ingresos pueden variar según el precio de Bitcoin y la dificultad de minería.

Aspectos a considerar:
- Inversiones en energía y equipos: Empresas con grandes inversiones en energía y equipos más eficientes suelen estar mejor posicionadas para generar ingresos sostenibles.
- Diversificación de ingresos: Algunas empresas mineras están diversificando sus fuentes de ingresos. Por ejemplo, algunas mineras también ofrecen servicios de minería en la nube, en los que permiten a terceros alquilar poder de cómputo para minar criptomonedas.

Margen de Beneficio Operativo

El margen operativo de una empresa minera es una métrica clave para medir su rentabilidad. Empresas con márgenes altos tienen costes controlados y son capaces de generar beneficios, incluso cuando el precio de Bitcoin cae. Los márgenes operativos suelen verse afectados por el coste de la electricidad, el mantenimiento de los equipos y los costes de infraestructura.

Flujos de Caja y Deuda

Los flujos de caja positivos indican que una empresa tiene suficiente liquidez para financiar sus operaciones y expansión sin necesidad de recurrir a la emisión de deuda o acciones. Empresas con altos niveles de deuda pueden verse en dificultades durante períodos en los que el precio de Bitcoin disminuye.

3.4. Gestión y Gobierno Corporativo

Un aspecto crucial para el éxito de una empresa minera de Bitcoin es la calidad de su gestión. Las empresas mineras deben tener un equipo directivo experimentado y competente, capaz de navegar tanto en la industria tecnológica como en el volátil mercado de las criptomonedas.

Experiencia del Equipo Directivo

Es importante evaluar la experiencia y la trayectoria del equipo directivo. Un equipo con un historial comprobado en la minería de criptomonedas o en industrias afines como la tecnología, las finanzas o la energía puede ser más capaz de anticipar y mitigar riesgos, así como de identificar oportunidades de crecimiento.

Gobierno Corporativo y Transparencia

Las empresas mineras cotizadas están sujetas a estrictos estándares de gobierno corporativo. Los inversores deben considerar si la empresa sigue prácticas sólidas de gobernanza, como la publicación de informes financieros transparentes, auditorías regulares y la gestión responsable de los intereses de los accionistas.

3.5. Riesgos Regulatorios y Políticos

El entorno regulatorio para las criptomonedas está en constante evolución, y las empresas mineras de Bitcoin no son una excepción. A medida que los gobiernos de todo el mundo consideran cómo regular Bitcoin y otras criptomonedas, las empresas mineras deben ser conscientes de los riesgos y oportunidades que estos cambios presentan.

Cambios en la Regulación

Los marcos regulatorios pueden variar significativamente de un país a otro. En algunos países, la minería de Bitcoin está incentivada por tarifas eléctricas bajas y regulaciones amigables, mientras que en otros, puede estar prohibida o fuertemente gravada. Los cambios regulatorios inesperados pueden tener un impacto drástico en las operaciones y la rentabilidad de las empresas.

Cumplimiento Normativo

Las mineras de Bitcoin cotizadas están sujetas a requisitos regulatorios más estrictos que sus contrapartes privadas. Esto puede incluir el cumplimiento de leyes ambientales, fiscales y de seguridad de datos. Las empresas que implementan políticas de cumplimiento normativo proactivas están mejor posicionadas para evitar sanciones y mitigar riesgos a largo plazo.

3.6. Volatilidad del Precio del Bitcoin

El último factor, pero quizás el más importante, es la volatilidad del precio del Bitcoin. A pesar de que las empresas mineras generan ingresos directamente a través de la minería, su rentabilidad está profundamente influenciada por los cambios en el precio de Bitcoin. Cuando el precio de Bitcoin sube, las mineras obtienen mayores beneficios. Sin embargo, una caída repentina en el precio de Bitcoin puede impactar sus márgenes de manera significativa.

En conclusión, invertir en mineras de Bitcoin cotizadas puede ofrecer grandes oportunidades, pero también requiere un análisis detallado y cuidadoso. Los factores clave que los inversores deben evaluar incluyen la estructura de costos, la capacidad de expansión, la salud financiera, la calidad de la gestión, el entorno regulatorio y la volatilidad del mercado de criptomonedas. Entender cómo estos factores afectan a una empresa específica ayudará a los inversores a tomar decisiones informadas y maximizar su potencial de retorno.

En el próximo capítulo, profundizaremos en los principales riesgos asociados con la inversión en empresas mineras de Bitcoin cotizadas, desde la volatilidad del precio de Bitcoin hasta los riesgos regulatorios y operacionales.

4 ANÁLISIS DE RIESGOS EN LA INVERSIÓN EN MINERAS DE BITCOIN

La inversión en mineras de Bitcoin cotizadas puede ofrecer rentabilidades atractivas, especialmente durante ciclos alcistas del precio de Bitcoin. Sin embargo, este tipo de inversión también conlleva riesgos significativos que los inversores deben comprender y evaluar cuidadosamente antes de comprometer su capital. En este capítulo, analizaremos los principales riesgos asociados con la inversión en empresas mineras de Bitcoin cotizadas, desde la volatilidad inherente al precio de Bitcoin hasta riesgos operacionales, regulatorios, tecnológicos y medioambientales.

4.1. Volatilidad del Precio del Bitcoin

El riesgo más evidente y crítico para las empresas mineras de Bitcoin es la volatilidad del precio de Bitcoin. Como el principal ingreso de las mineras proviene de la recompensa en Bitcoin que reciben por validar bloques en la blockchain, su rentabilidad está directamente relacionada con el valor de mercado de esta criptomoneda. La extrema volatilidad de Bitcoin puede causar fluctuaciones importantes en los ingresos y, por ende, en la rentabilidad de estas empresas.

Impacto de las Subidas y Bajadas en el Precio del Bitcoin

• Subidas del precio: Cuando el precio de Bitcoin aumenta, las recompensas que las empresas mineras reciben se vuelven más valiosas. Este escenario tiende a atraer la atención de más inversores hacia las acciones de estas empresas, lo que puede hacer que el precio de sus acciones también aumente. Además, las empresas mineras tienen la opción de vender los bitcoins minados en el mercado para obtener ingresos en efectivo, maximizando sus beneficios.

• Bajadas del precio: En contraste, cuando el precio de Bitcoin cae, las recompensas en BTC pierden valor, lo que reduce la rentabilidad de las mineras. En estos escenarios, muchas empresas mineras enfrentan desafíos importantes, especialmente aquellas que tienen estructuras de costes menos eficientes. La caída en el valor de Bitcoin también puede afectar el precio de las acciones de las mineras, debido a la percepción negativa de los inversores.

Hedging y Estrategias de Mitigación

Algunas mineras de Bitcoin cotizadas han comenzado a implementar estrategias de cobertura (hedging) para mitigar el riesgo de la volatilidad del precio de Bitcoin. Esto puede incluir el uso de derivados financieros, como futuros o opciones, que permiten a las empresas asegurar un precio de venta futuro para el Bitcoin que generan. Sin embargo, el uso de estos instrumentos también puede ser costoso y complejo, lo que introduce nuevos riesgos en la gestión financiera de la empresa.

4.2. Riesgos Operacionales

Las mineras de Bitcoin enfrentan una serie de riesgos

operacionales que pueden afectar su capacidad para generar ingresos de manera eficiente y sostenible. Estos riesgos incluyen fallos en los equipos, interrupciones en el suministro eléctrico, problemas de refrigeración de los sistemas y la obsolescencia tecnológica.

Fallos en el Hardware de Minería

El hardware de minería, como los ASICs, es fundamental para las operaciones de las mineras. Sin embargo, estos equipos son costosos, tienen una vida útil limitada y están sujetos a fallos técnicos. Si una empresa minera experimenta una falla importante en su equipo o una rotura masiva de sus ASICs, su capacidad de minería puede disminuir significativamente, afectando directamente sus ingresos. Además, la adquisición de nuevo hardware a gran escala puede llevar tiempo y ser costosa, lo que puede reducir la eficiencia operativa.

Interrupciones en el Suministro Eléctrico

El suministro eléctrico es esencial para el funcionamiento continuo de las granjas de minería. Una interrupción en la disponibilidad de electricidad, ya sea por fallos en la red o por problemas relacionados con la energía local, puede detener por completo la operación de una minera, resultando en pérdidas financieras. Además, la minería de Bitcoin es altamente intensiva en energía, por lo que cualquier aumento repentino en el coste de la electricidad puede afectar significativamente los márgenes de beneficio de la empresa.

Obsolescencia Tecnológica

La tecnología en la minería de Bitcoin avanza rápidamente, y las empresas mineras deben mantenerse al día con las últimas innovaciones en hardware para seguir siendo competitivas. Los ASICs que son eficientes hoy pueden volverse obsoletos en cuestión de meses o años, lo que obliga a las empresas a realizar inversiones constantes en equipos de última generación. Si una empresa no puede actualizar su tecnología de manera oportuna, puede quedar rezagada frente a sus competidores, afectando su capacidad de obtener recompensas mineras.

4.3. Riesgos Regulatorios

El entorno regulatorio para las criptomonedas, incluyendo la minería de Bitcoin, está en constante evolución a medida que los gobiernos de todo el mundo buscan regular el sector. Las empresas mineras de Bitcoin cotizadas deben cumplir con regulaciones tanto en el país donde tienen su sede como en las regiones donde operan sus instalaciones de minería. Cambios regulatorios inesperados pueden representar riesgos importantes para estas empresas.

Regulación Gubernamental sobre Minería

En algunos países, la minería de Bitcoin ha sido prohibida o restringida debido a preocupaciones sobre el consumo de energía y el impacto ambiental. China, por ejemplo, prohibió la minería de criptomonedas en 2021, lo que llevó a un éxodo masivo de empresas mineras hacia otros países. Los cambios en las políticas energéticas, como el aumento de impuestos o restricciones al uso de energía, también pueden tener un impacto negativo en la rentabilidad de las mineras que operan en determinadas jurisdicciones.

Impuestos sobre las Criptomonedas

Las leyes fiscales relacionadas con las criptomonedas también están en evolución. Algunos países han implementado impuestos específicos sobre la minería de criptomonedas o sobre la venta de bitcoins minados. Estos impuestos pueden reducir la rentabilidad neta de las operaciones mineras, obligando a las empresas a ajustar sus estrategias de ventas o buscar ubicaciones con entornos fiscales más favorables.

Cumplimiento Normativo en Empresas Cotizadas
Las mineras de Bitcoin que cotizan en bolsa también deben cumplir con las normativas aplicables a las empresas públicas, que incluyen la divulgación financiera, auditorías y el cumplimiento de normativas de seguridad financiera. Cualquier fallo en el cumplimiento normativo puede resultar en sanciones, pérdida de confianza por parte de los inversores y una caída en el valor de sus acciones.

4.4. Riesgos Medioambientales

El creciente escrutinio sobre el impacto ambiental de la minería de Bitcoin es otro riesgo significativo que los inversores deben tener en cuenta. La minería consume grandes cantidades de energía, y en algunas regiones, esta energía proviene de fuentes no renovables, lo que aumenta la huella de carbono de la industria. Esto ha llevado a que los gobiernos y organizaciones ambientales pongan presión sobre las empresas mineras para que utilicen fuentes de energía más limpias y eficientes.

Impacto en la Reputación
El uso de energía no renovable por parte de las mineras de Bitcoin puede tener un impacto negativo en la reputación de la empresa, especialmente en un entorno de inversión donde la sostenibilidad y la responsabilidad corporativa son cada vez más importantes para los inversores. Las empresas que no puedan adaptarse a estas demandas corren el riesgo de perder apoyo de los inversores institucionales, que están cada vez más comprometidos con los principios de inversión sostenible.

Regulaciones Ambientales

Además, las regulaciones ambientales en torno al uso de energía pueden volverse más estrictas en los próximos años. Algunas jurisdicciones ya han comenzado a regular el consumo de energía para la minería de criptomonedas o imponer restricciones a las emisiones de carbono. Las mineras que no estén preparadas para cumplir con estas regulaciones podrían enfrentar multas, restricciones operativas o incluso cierres de instalaciones.

4.5. Riesgos Geopolíticos

Las empresas mineras que operan en múltiples países o regiones están sujetas a riesgos geopolíticos, especialmente si sus operaciones están en países con inestabilidad política o regulatoria. Los conflictos geopolíticos, las sanciones económicas o los cambios en los acuerdos comerciales pueden afectar la capacidad de una minera de Bitcoin para operar de manera eficiente.

Inestabilidad Política

La inestabilidad política en países donde las mineras tienen instalaciones puede llevar a cambios imprevistos en las políticas regulatorias, como el aumento de los impuestos, la confiscación de activos o restricciones a la importación de equipos de minería. Las empresas que dependen de un entorno político estable para su operación son más vulnerables a estos riesgos.

Restricciones al Comercio Internacional

Dado que las mineras de Bitcoin dependen de la importación de hardware y componentes tecnológicos, cualquier restricción al comercio internacional o sanción económica impuesta a los países donde operan sus proveedores puede interrumpir la cadena de suministro y aumentar los costes operativos.

4.6. Competencia y Dificultad de Minería

Otro riesgo clave es la creciente competencia dentro de la industria de la minería de Bitcoin. A medida que más mineros se unen a la red, la dificultad de minería aumenta, lo que significa que se necesita más poder computacional para resolver los problemas matemáticos que permiten la validación de bloques. Esta mayor dificultad puede reducir las probabilidades de éxito de una minera y, por ende, disminuir sus ingresos.

Innovación Tecnológica de Competidores
Los competidores que adoptan tecnologías más eficientes y potentes pueden obtener una mayor participación en el mercado y reducir la porción de recompensas de minería para empresas menos avanzadas. Las empresas que no pueden actualizar su infraestructura tecnológica de manera rápida y eficiente pueden perder terreno frente a sus rivales, lo que afectará su rentabilidad.

En conclusión, invertir en mineras de Bitcoin cotizadas ofrece oportunidades, pero no está exento de riesgos considerables. La volatilidad del precio de Bitcoin, los riesgos operacionales, regulatorios, medioambientales y geopolíticos, así como la creciente competencia en la industria, son factores clave que los inversores deben analizar cuidadosamente. Un enfoque detallado para comprender estos riesgos y las estrategias de mitigación implementadas por las empresas mineras puede ayudar a los inversores a tomar decisiones más informadas y equilibrar el riesgo con la recompensa.

En el próximo capítulo, discutiremos diversas estrategias de inversión en mineras de Bitcoin cotizadas, incluyendo el análisis técnico y fundamental, el uso de ETFs de minería de criptomonedas y cómo diversificar una cartera con exposición a empresas mineras de Bitcoin.

5 ESTRATEGIAS DE INVERSIÓN EN MINERAS DE BITCOIN

Una vez comprendidos los fundamentos de las empresas mineras de Bitcoin y los riesgos asociados a este tipo de inversión, el siguiente paso para los inversores es desarrollar estrategias para maximizar el retorno y minimizar los riesgos. Dada la volatilidad inherente al Bitcoin y la complejidad del sector minero, es esencial que los inversores adopten enfoques bien planificados y ajustados a su perfil de riesgo y objetivos financieros.

En este capítulo, exploraremos diversas estrategias de inversión en mineras de Bitcoin cotizadas, incluyendo análisis técnico y fundamental, el uso de ETFs relacionados con la minería de criptomonedas, diversificación de carteras y cómo elegir entre diferentes empresas del sector. Al final de este capítulo, los inversores estarán mejor equipados para tomar decisiones estratégicas en este mercado volátil.

5.1. Inversión Directa en Mineras de Bitcoin Cotizadas

La forma más directa de invertir en mineras de Bitcoin es comprando acciones de empresas que cotizan en bolsa. Estas acciones ofrecen una exposición indirecta al Bitcoin, ya que los ingresos y la rentabilidad de las mineras dependen en gran medida del precio de la criptomoneda. Sin embargo, la compra de acciones individuales conlleva riesgos específicos, por lo que es crucial realizar un análisis exhaustivo antes de tomar una decisión de inversión.

Análisis Fundamental
El análisis fundamental es un enfoque clave para evaluar la salud financiera de una minera de Bitcoin y su potencial de crecimiento. Este tipo de análisis implica revisar los estados financieros de la empresa, su balance, flujo de caja y perspectivas de crecimiento a largo plazo. Algunos de los indicadores más importantes para analizar incluyen:

• Ingresos y márgenes de beneficio: ¿La empresa está generando ingresos sostenibles? ¿Cuáles son sus márgenes operativos y cómo se comparan con los de la competencia?

• Endeudamiento: Las empresas con altos niveles de deuda pueden estar en una posición vulnerable si el precio de Bitcoin cae o si los costes operativos aumentan.

• Capacidad de expansión: ¿La empresa tiene un plan claro de expansión para aumentar su capacidad de minería? ¿Está invirtiendo en nuevas tecnologías y mejorando su eficiencia?

• Diversificación de ingresos: Algunas mineras están diversificando sus fuentes de ingresos, como la minería de otras criptomonedas o la venta de servicios relacionados con blockchain. Evaluar estas fuentes adicionales puede ofrecer una visión más clara del potencial a largo plazo de la empresa.

Análisis Técnico
El análisis técnico implica estudiar los gráficos de precios y patrones históricos de las acciones para identificar tendencias y posibles puntos de entrada y salida. Este enfoque se basa en el comportamiento del mercado y puede ser útil para los inversores a corto plazo que buscan aprovechar la volatilidad en el precio de

las acciones de las mineras de Bitcoin.
Algunos indicadores técnicos clave a considerar incluyen:
- Promedios móviles: Los promedios móviles simples o exponenciales (como el MA de 50 o 200 días) pueden ayudar a los inversores a identificar tendencias a largo plazo.
- Índice de fuerza relativa (RSI): Un indicador que mide si una acción está sobrecomprada o sobrevendida, lo que puede señalar posibles puntos de reversión en el precio.
- Volumen de negociación: Un aumento en el volumen suele ser un indicio de movimientos significativos del precio. Los inversores pueden analizar si una tendencia tiene el respaldo suficiente de la participación del mercado.

El análisis técnico, en combinación con el fundamental, proporciona una visión integral que permite a los inversores identificar qué mineras de bitcoin son mejor inversión y cuando es mejor comprar y vender.

5.2. ETFs de Mineras de Bitcoin

Para los inversores que desean exposición al sector de la minería de Bitcoin pero no quieren concentrar su riesgo en una sola empresa, los fondos cotizados en bolsa (ETFs) pueden ser una excelente opción. Estos fondos invierten en un conjunto de acciones de empresas mineras de Bitcoin, lo que permite diversificar el riesgo sin necesidad de realizar un seguimiento detallado de cada empresa individual.

Beneficios de los ETFs de Minería de Bitcoin
- Diversificación: Un ETF ofrece exposición a varias empresas mineras de Bitcoin, lo que ayuda a reducir el riesgo asociado a problemas específicos de una sola empresa.
- Acceso a una cartera profesionalmente gestionada: Los

ETFs suelen estar gestionados por profesionales que seleccionan cuidadosamente las empresas incluidas en el fondo, lo que puede proporcionar una ventaja en términos de selección de activos.

- Liquidez: Los ETFs se negocian en bolsas de valores de la misma manera que las acciones, lo que les proporciona una alta liquidez. Los inversores pueden comprar y vender acciones del ETF fácilmente durante el horario de mercado.

Riesgos de los ETFs de Minería de Bitcoin

Aunque los ETFs proporcionan diversificación, no están exentos de riesgos. Dado que los precios de las acciones incluidas en el ETF están correlacionados con el precio de Bitcoin, los inversores aún están expuestos a la volatilidad del mercado de criptomonedas. Además, las tarifas de gestión pueden reducir las ganancias netas a largo plazo, especialmente en comparación con la compra directa de acciones.

Algunos de los ETFs más populares que ofrecen exposición al sector de la minería de Bitcoin incluyen:

- Global X Blockchain & Bitcoin Strategy ETF (BITS): Un ETF que invierte en empresas relacionadas con blockchain y minería de criptomonedas.
- Valkyrie Bitcoin Miners ETF (WGMI): Enfocado específicamente en empresas que participan en la minería de Bitcoin.

5.3. Diversificación de Cartera con Mineras de Bitcoin

Dada la volatilidad de las criptomonedas y la naturaleza altamente competitiva de la minería de Bitcoin, los inversores deben considerar diversificar sus carteras para mitigar el riesgo. Una forma efectiva de hacerlo es combinando inversiones en mineras de Bitcoin con otros activos financieros que no estén directamente correlacionados con el precio de Bitcoin o el mercado de criptomonedas.

Inversión en Sectores Relacionados con la Tecnología
Los inversores pueden considerar agregar empresas tecnológicas que ofrecen servicios complementarios al sector de las criptomonedas. Por ejemplo, empresas que desarrollan hardware para la minería, como NVIDIA o AMD, pueden beneficiarse del crecimiento del sector minero sin depender exclusivamente del precio de Bitcoin.

Inversión en Materias Primas
Algunos inversores optan por diversificar con inversiones en materias primas, como el oro, que tradicionalmente se consideran activos refugio. Dado que las materias primas como el oro y el Bitcoin a menudo se comportan de manera opuesta durante los períodos de incertidumbre económica, esto puede actuar como una estrategia de cobertura contra la volatilidad de las criptomonedas.

Inversión en Criptomonedas Alternativas
Otra forma de diversificación es invertir en otras criptomonedas, como Ethereum, BNB o Solana. Estas criptomonedas pueden tener ciclos de crecimiento independientes del Bitcoin, lo que ofrece una forma de diversificar dentro del propio mercado de criptomonedas.

5.4. Estrategia de Dollar Cost Averaging (DCA)

El método del Dollar Cost Averaging (DCA) es una estrategia de inversión en la que se invierte una cantidad fija de dinero en un activo (en este caso, acciones de mineras de Bitcoin o ETFs de criptomonedas) a intervalos regulares, independientemente del precio del activo. Esta estrategia ayuda a reducir el riesgo asociado a las fluctuaciones del precio al promediar el coste de las acciones a lo largo del tiempo.

Ventajas del DCA
• Reducción del impacto de la volatilidad: Al invertir una cantidad fija de dinero en un activo de manera constante, se evita la tentación de tratar de "predecir" los movimientos del mercado. Esto es especialmente útil en mercados tan volátiles como el de las criptomonedas.
• Disciplina en la inversión: El DCA fomenta una estrategia disciplinada, ya que los inversores continúan invirtiendo en momentos de mercado tanto alcistas como bajistas. Esto puede reducir el riesgo de entrar en pánico y vender en momentos de caídas del mercado.
• Promedio de coste más bajo: En períodos de caída del mercado, el DCA permite adquirir más acciones a precios más bajos, lo que puede resultar en un promedio de coste de adquisición más bajo a lo largo del tiempo.

5.5. Timing del Mercado y Ciclos del Bitcoin

Una de las decisiones más difíciles para los inversores en empresas mineras de Bitcoin es cuándo comprar y cuándo vender. Dado que los ciclos de mercado de Bitcoin son notoriamente impredecibles, intentar "hacer timing" al mercado puede ser arriesgado.

Ciclos de Mercado del Bitcoin
Bitcoin ha mostrado una tendencia a seguir ciclos de mercado de cuatro años, impulsados en gran medida por el halving. Durante estos ciclos, los precios de Bitcoin tienden a experimentar aumentos dramáticos seguidos de correcciones importantes. Los

inversores deben estar conscientes de estos ciclos y ajustar sus estrategias de inversión en consecuencia.
• Ciclo Alcista: Los precios de Bitcoin suben rápidamente, impulsados por el entusiasmo del mercado y la creciente adopción institucional.
• Ciclo Bajista: El mercado corrige después de un ciclo alcista, lo que resulta en caídas significativas del precio de Bitcoin. Durante estos períodos, las mineras de Bitcoin con estructuras de costes ineficientes pueden enfrentarse a dificultades financieras.

Estrategias de Salida
Determinar cuándo vender las acciones de una minera de Bitcoin puede ser tan importante como decidir cuándo comprarlas. Algunos enfoques comunes incluyen:
• Venta escalonada: Los inversores venden gradualmente a medida que el precio de las acciones sube, lo que les permite capturar ganancias mientras limitan el riesgo.
• Venta basada en objetivos de rentabilidad: Los inversores pueden establecer un objetivo de rentabilidad específico, por ejemplo, vender cuando el precio de la acción haya subido un 50% o 100%.

En conclusión, las estrategias de inversión en mineras de Bitcoin deben basarse en un enfoque cuidadoso y diversificado. Desde la compra directa de acciones hasta la inversión en ETFs de minería o la diversificación con otros sectores relacionados, los inversores tienen una variedad de opciones para participar en este mercado en crecimiento. Entender los ciclos del mercado de Bitcoin, aplicar análisis fundamental y técnico, y adoptar estrategias de diversificación puede ayudar a maximizar las oportunidades de inversión mientras se mitigan los riesgos inherentes.

En el próximo capítulo, realizaremos un análisis detallado de las principales empresas mineras de Bitcoin cotizadas, explorando su desempeño financiero, estrategias operativas y cómo se comparan en el mercado.

6 PRINCIPALES MINERAS DE BITCOIN COTIZADAS

Ahora que hemos explorado los fundamentos de las mineras de Bitcoin, sus riesgos y estrategias de inversión, es hora de analizar algunas de las empresas líderes en este sector. En este capítulo, realizaremos un estudio de caso detallado de las principales mineras de Bitcoin cotizadas, observando su desempeño financiero, sus estrategias operativas y sus ventajas competitivas. Esto ayudará a los inversores a tener una visión más clara de cómo estas empresas operan y qué factores las han llevado a destacarse en el competitivo mercado de la minería de Bitcoin.

6.1. Marathon Digital Holdings (NASDAQ: MARA)

Visión General
Marathon Digital Holdings es una de las mineras de Bitcoin más grandes y conocidas en Estados Unidos. Fundada en 2010, originalmente estaba centrada en la industria de patentes, pero en 2020 se reinventó como una minera de criptomonedas, experimentando un crecimiento exponencial desde entonces.

Infraestructura y Capacidad de Minería

Marathon tiene operaciones a gran escala en múltiples instalaciones en Estados Unidos. A finales de 2023, la empresa tenía un hashrate (poder computacional) operativo superior a los 23 EH/s (exahashes por segundo), lo que la convierte en una de las mayores mineras a nivel global. La empresa ha asegurado contratos para el suministro de energía a precios competitivos en estados como Texas, donde la electricidad es más barata y se está promoviendo la minería de criptomonedas.

Estrategia de Expansión

Marathon ha seguido una estrategia agresiva de expansión y ha invertido fuertemente en la adquisición de ASICs de última generación, lo que le permite mantenerse competitiva en términos de eficiencia energética. Además, la empresa ha colaborado con Compute North, un proveedor de soluciones de minería y almacenamiento en la nube, para optimizar sus operaciones y reducir costes operativos.

Rendimiento Financiero

El crecimiento de Marathon ha sido significativo, impulsado por el aumento del precio de Bitcoin y su capacidad para aumentar su hashrate. En 2023, sus ingresos anuales superaron los 750 millones de dólares, con márgenes de beneficio relativamente saludables. Sin embargo, Marathon enfrenta riesgos derivados de su alto nivel de endeudamiento y la fuerte dependencia de la volatilidad del precio de Bitcoin.

Perspectivas y Desafíos

Marathon sigue siendo una de las principales mineras con una estrategia clara de crecimiento. No obstante, enfrenta desafíos relacionados con la competencia tecnológica, la posible regulación energética en Estados Unidos, y la volatilidad del Bitcoin. La empresa ha estado invirtiendo en energía renovable para mejorar su sostenibilidad a largo plazo, lo que podría mitigar parte de los riesgos regulatorios y medioambientales.

6.2. Riot Platforms, Inc. (NASDAQ: RIOT)

Visión General

Riot Platforms es otra de las principales mineras de Bitcoin en Estados Unidos. Con sede en Colorado, Riot se ha enfocado en construir instalaciones de minería a gran escala en Texas, beneficiándose del entorno favorable en términos de costes energéticos y políticas públicas. La empresa también es conocida por su enfoque en la minería sostenible, usando energías renovables.

Infraestructura y Capacidad de Minería

Riot ha logrado expandir su infraestructura de manera significativa. A finales de 2023, su capacidad operativa superaba los 13 EH/s. Su instalación en Whinstone, Texas, es una de las mayores granjas de minería de criptomonedas en Norteamérica. Además, Riot ha asegurado acuerdos a largo plazo para obtener electricidad a tarifas muy bajas, lo que les permite mantener una ventaja competitiva en términos de costos.

Estrategia de Expansión

Riot ha apostado por el crecimiento orgánico a través de la expansión de sus instalaciones y la adquisición de nuevos equipos de minería. En 2023, la empresa invirtió más de 500 millones de dólares en la compra de ASICs de última generación, lo que ha mejorado su eficiencia operativa. Además, Riot ha estado implementando iniciativas para utilizar energía solar y eólica, lo que refuerza su enfoque en la sostenibilidad.

Rendimiento Financiero

En 2023, Riot generó más de 600 millones de dólares en ingresos, lo que la posiciona como una de las mineras más rentables del mercado. Sin embargo, al igual que Marathon, Riot es altamente dependiente del precio de Bitcoin y sus márgenes de beneficio pueden verse afectados por cambios repentinos en el mercado.

Perspectivas y Desafíos

Riot sigue siendo un líder en la industria de la minería de Bitcoin en términos de infraestructura y capacidad operativa. Sin embargo, al operar principalmente en Estados Unidos, está expuesta a cambios regulatorios que podrían afectar su rentabilidad. No obstante, su enfoque en la sostenibilidad energética y la expansión continua la posicionan favorablemente para aprovechar futuros ciclos alcistas del Bitcoin.

6.3. Hut 8 Mining Corp. (NASDAQ: HUT)

Visión General

Hut 8 Mining es una minera de Bitcoin con sede en Canadá y es conocida por su enfoque en la sostenibilidad y la diversificación de ingresos. Fundada en 2017, Hut 8 ha crecido rápidamente hasta convertirse en una de las principales mineras de criptomonedas en América del Norte.

Infraestructura y Capacidad de Minería

A finales de 2023, Hut 8 operaba con una capacidad de minería superior a los 8 EH/s. La empresa tiene instalaciones en Alberta y Ontario, donde se beneficia de energía hidroeléctrica barata, lo que le permite operar con costes relativamente bajos. También ha invertido en energía solar y eólica, mejorando su perfil de sostenibilidad.

Estrategia de Expansión y Diversificación

Hut 8 ha sido pionera en la diversificación de ingresos. Además de la minería de Bitcoin, la empresa ha incursionado en el sector de data centers y en el servicio de minería en la nube. Esta diversificación le permite generar ingresos más allá de la volatilidad del Bitcoin, lo que le otorga un perfil financiero más estable en comparación con otras mineras que dependen únicamente de la minería de criptomonedas.

Rendimiento Financiero

En 2023, Hut 8 reportó ingresos superiores a los 200 millones de dólares, una cifra menor en comparación con Marathon y Riot, pero con márgenes de beneficio más sólidos debido a su enfoque en la eficiencia operativa y la diversificación de ingresos. La empresa ha sido menos dependiente del precio del Bitcoin gracias a sus otros flujos de ingresos, lo que le permite ser más resistente en mercados bajistas.

Perspectivas y Desafíos

Hut 8 sigue siendo una de las mineras de Bitcoin más sostenibles y diversificadas del mercado. Su capacidad para generar ingresos más allá de la minería de Bitcoin la hace menos vulnerable a los ciclos del mercado de criptomonedas. No obstante, enfrenta desafíos relacionados con la competencia global y la necesidad de mantenerse al día con las tecnologías de minería más eficientes.

6.4. Bitfarms Ltd. (NASDAQ: BITF)

Visión General

Bitfarms es una minera de Bitcoin con sede en Canadá, conocida por operar múltiples granjas de minería de alta eficiencia energética. La empresa tiene un enfoque estratégico en ubicarse en áreas con acceso a electricidad barata y renovable, lo que le ha permitido reducir sus costes operativos.

Infraestructura y Capacidad de Minería
Bitfarms opera instalaciones de minería en Canadá, Paraguay y Argentina, con una capacidad total de minería superior a los 6 EH/s a finales de 2023. La empresa ha aprovechado el bajo coste de la electricidad hidroeléctrica en estas regiones, lo que le otorga una ventaja significativa en términos de costes por Bitcoin minado.

Estrategia de Crecimiento
Bitfarms ha seguido una estrategia de expansión prudente, aumentando gradualmente su capacidad operativa mientras mantiene costes bajos. A diferencia de algunas de sus competidoras, Bitfarms no ha invertido de manera agresiva en la compra de equipos, prefiriendo crecer de manera más sostenible. También ha incursionado en la diversificación geográfica para mitigar riesgos regulatorios específicos de cada región.

Rendimiento Financiero
En 2023, Bitfarms generó ingresos superiores a los 150 millones de dólares, con un margen de beneficio ajustado que refleja su enfoque en mantener bajos costes operativos. A pesar de ser una de las mineras más pequeñas en términos de ingresos, su eficiencia energética y su enfoque en la reducción de costes la han posicionado favorablemente en el mercado.

Perspectivas y Desafíos
Bitfarms tiene una perspectiva sólida, pero enfrenta desafíos relacionados con su capacidad de crecimiento y la necesidad de aumentar su hashrate para mantenerse competitiva en un mercado en expansión. La empresa ha apostado por una estrategia de expansión geográfica para mitigar riesgos regulatorios y mejorar su rentabilidad operativa.

6.5. CleanSpark, Inc. (NASDAQ: CLSK)

Visión General
CleanSpark es una minera de Bitcoin con sede en Estados Unidos que ha adoptado un enfoque distintivo basado en la sostenibilidad. Fundada en 2014, CleanSpark combina la minería de Bitcoin con la tecnología de microgrids, lo que le permite utilizar fuentes de energía renovables y optimizar la eficiencia energética en sus operaciones.

Infraestructura y Capacidad de Minería
CleanSpark ha crecido significativamente en los últimos años, alcanzando un hashrate operativo de aproximadamente 9 EH/s en 2023, con planes de aumentar esta cifra a más de 16 EH/s para finales de 2024. Sus operaciones están localizadas en Estados Unidos, principalmente en Georgia, donde aprovecha el acceso a energía barata y renovable.

Estrategia Operativa
CleanSpark ha adoptado una estrategia de expansión enfocada en la sostenibilidad. La empresa invierte en tecnologías de microgrids para optimizar el uso de energía y reducir los costes operativos, minimizando su huella de carbono. Además, CleanSpark ha estado invirtiendo en ASICs de última generación para mejorar la eficiencia energética y maximizar la producción.

Rendimiento Financiero
En 2023, CleanSpark generó aproximadamente 220 millones de dólares en ingresos, con un enfoque en la diversificación mediante la implementación de soluciones energéticas avanzadas. Sus márgenes operativos son sólidos, en parte debido a su compromiso con la eficiencia energética.

Perspectivas y Desafíos

CleanSpark se destaca por su enfoque en la sostenibilidad y la innovación energética, lo que podría atraer a inversores institucionales preocupados por los criterios ESG. Sin embargo, como muchas mineras, sigue siendo vulnerable a la volatilidad del precio de Bitcoin, y su crecimiento dependerá de su capacidad para escalar sus operaciones sin aumentar significativamente sus costos.

6.6. TeraWulf Inc. (NASDAQ: WULF)

Visión General

TeraWulf es una minera de Bitcoin con sede en Estados Unidos que se ha comprometido a operar con 100% de energía libre de carbono. Fundada en 2021, TeraWulf ha ganado tracción rápidamente debido a su enfoque en la sostenibilidad y sus operaciones basadas en energías renovables.

Infraestructura y Capacidad de Minería

TeraWulf opera instalaciones en Nueva York y Pensilvania, aprovechando energía hidroeléctrica y nuclear. Para finales de 2023, su hashrate operativo había alcanzado aproximadamente 6 EH/s, con planes de continuar expandiendo su capacidad en los próximos años.

Estrategia Operativa

La estrategia de TeraWulf se centra en operar exclusivamente con energía limpia, diferenciándose de otras mineras de Bitcoin. Al utilizar energía hidroeléctrica y nuclear, TeraWulf mantiene costes operativos bajos y evita el escrutinio regulatorio asociado al uso de energía no renovable.

Rendimiento Financiero

TeraWulf reportó ingresos de alrededor de 150 millones de dólares en 2023, beneficiándose de su acceso a energía limpia a bajo costo. Sus márgenes de beneficio son competitivos, pero la empresa aún se encuentra en una etapa de crecimiento y expansión, lo que significa que enfrenta desafíos relacionados con la financiación de sus planes de expansión.

Perspectivas y Desafíos

TeraWulf tiene un enfoque muy atractivo para los inversores que buscan alinearse con los criterios ESG y que ven el crecimiento de la minería de Bitcoin con energía limpia como una tendencia a largo plazo. Sin embargo, sigue siendo una empresa joven, con la necesidad de consolidar su posición en el mercado en medio de la competencia creciente.

6.7. Iris Energy Limited (NASDAQ: IREN)

Visión General

Iris Energy, con sede en Australia, es una minera de Bitcoin que utiliza exclusivamente energía renovable para sus operaciones. La empresa ha sido un defensor firme de la minería sostenible y ha centrado sus esfuerzos en utilizar infraestructura energética de bajo coste en regiones donde abunda la energía renovable, como hidroeléctrica.

Infraestructura y Capacidad de Minería

A finales de 2023, Iris Energy operaba con una capacidad de 5.6 EH/s en Australia y Canadá, lo que la convierte en una de las principales mineras de Bitcoin que aprovechan exclusivamente fuentes de energía renovable.

Estrategia Operativa

La estrategia de Iris Energy es aprovechar ubicaciones geográficas con acceso a energía hidroeléctrica y solar, lo que le permite mantener bajos costes operativos y cumplir con las expectativas de sostenibilidad. Iris Energy ha invertido en infraestructuras de largo plazo en Canadá y otros países para capitalizar su modelo operativo basado en energías limpias.

Rendimiento Financiero

En 2023, Iris Energy generó aproximadamente 180 millones de dólares en ingresos. Aunque relativamente pequeña en comparación con algunas de las mineras más grandes, su enfoque en la sostenibilidad le ha permitido atraer a inversores institucionales y mantener márgenes competitivos.

Perspectivas y Desafíos

Iris Energy se enfrenta al desafío de escalar sus operaciones de manera eficiente mientras mantiene su compromiso con la energía limpia. A medida que los inversores valoran cada vez más los criterios ESG, Iris Energy puede beneficiarse de su enfoque sostenible. Sin embargo, sigue enfrentando los riesgos de volatilidad del Bitcoin y la necesidad de expandir su capacidad de minería.

6.8. Cipher Mining Inc. (NASDAQ: CIFR)

Visión General

Cipher Mining es una minera de Bitcoin con sede en Estados Unidos que se ha centrado en establecer operaciones mineras altamente eficientes y escalables. La empresa fue creada como resultado de una fusión con Good Works Acquisition Corp. en 2021.

Infraestructura y Capacidad de Minería

Cipher Mining opera con una capacidad de aproximadamente 6 EH/s y ha estado expandiendo sus instalaciones en Texas, una región que se ha convertido en un centro clave para la minería de Bitcoin debido a su bajo coste de electricidad y políticas regulatorias favorables.

Estrategia Operativa

La estrategia de Cipher Mining se basa en aprovechar acuerdos energéticos a largo plazo en regiones con electricidad barata, como Texas. La empresa ha firmado contratos para obtener electricidad a bajo costo, lo que le permite mantener un coste por Bitcoin minado más bajo que muchas de sus competidoras.

Rendimiento Financiero

Cipher Mining reportó ingresos de aproximadamente 130 millones de dólares en 2023. Su capacidad para asegurar contratos de electricidad baratos y su enfoque en la eficiencia operativa le han permitido generar márgenes operativos sólidos.

Perspectivas y Desafíos

Cipher Mining tiene un futuro prometedor si puede mantener su enfoque en la eficiencia operativa y la expansión geográfica. Sin embargo, su dependencia de un entorno regulatorio favorable en Texas podría representar un riesgo si las políticas energéticas cambian.

6.9. Bitdeer Technologies Group (NASDAQ: BTDR)

Visión General

Bitdeer Technologies Group es una de las mineras de Bitcoin más innovadoras, con operaciones en varios países y una presencia global. Fundada por Jihan Wu, cofundador de Bitmain,

Bitdeer se especializa en la minería a gran escala y en soluciones de minería en la nube.

Infraestructura y Capacidad de Minería
Bitdeer opera con una capacidad global superior a 5 EH/s, con instalaciones en América del Norte y Asia. Su infraestructura está diseñada para ser altamente escalable, y la empresa también ofrece servicios de minería en la nube a clientes individuales y corporativos.

Estrategia Operativa
Bitdeer adopta un enfoque dual: minería propia y servicios de minería en la nube. Al permitir que terceros alquilen poder de cómputo, Bitdeer diversifica sus ingresos y reduce su dependencia del precio de Bitcoin, lo que le otorga más flexibilidad financiera.

Rendimiento Financiero
En 2023, Bitdeer reportó ingresos superiores a 300 millones de dólares, impulsados tanto por sus operaciones mineras directas como por sus servicios en la nube. Esta diversificación de ingresos le otorga un perfil más estable frente a las fluctuaciones del precio de Bitcoin.

Perspectivas y Desafíos
Bitdeer está bien posicionada para crecer, gracias a su acceso a tecnología avanzada y su enfoque global. No obstante, la competencia en el sector de la minería en la nube sigue creciendo, y la empresa deberá seguir innovando para mantenerse a la vanguardia.

6.10. Bit Digital, Inc. (NASDAQ: BTBT)

Visión General
Bit Digital es una minera de Bitcoin que ha tenido un crecimiento rápido desde su creación en 2015. Con sede en Estados Unidos, la empresa se enfoca en expandir sus operaciones a nivel global, con instalaciones en América del Norte y Asia.

Infraestructura y Capacidad de Minería
A finales de 2023, Bit Digital tenía una capacidad operativa de 3.6 EH/s y estaba trabajando para expandir sus instalaciones en Estados Unidos y Canadá. Bit Digital ha consolidado acuerdos con proveedores de energía para garantizar costes reducidos.

Estrategia Operativa
La estrategia de Bit Digital se centra en la expansión geográfica y la optimización de su eficiencia operativa mediante la adquisición de ASICs de última generación. La empresa también se ha beneficiado de la diversificación de su presencia geográfica, operando en múltiples países para mitigar riesgos regulatorios.

Rendimiento Financiero
En 2023, Bit Digital generó ingresos cercanos a 100 millones de dólares. Aunque es una de las mineras más pequeñas en comparación con sus competidoras, su enfoque en la expansión y la eficiencia le ha permitido mantener márgenes de beneficio razonables.

Perspectivas y Desafíos
Bit Digital tiene potencial para crecer a largo plazo, pero debe seguir invirtiendo en la modernización de su infraestructura para mantenerse competitiva. Su capacidad para expandirse en nuevos mercados será crucial para su éxito futuro.

6.11. HIVE Digital Technologies Ltd. (NASDAQ: HIVE)

Visión General
HIVE Digital Technologies es una empresa minera de criptomonedas con sede en Canadá que opera en la minería de Bitcoin y otras criptomonedas. Fue una de las primeras mineras públicas en utilizar energía renovable para sus operaciones.

Infraestructura y Capacidad de Minería
HIVE opera instalaciones en Canadá, Suecia e Islandia, con un hashrate total de 3.4 EH/s a finales de 2023. Además de Bitcoin, HIVE también tiene exposición a Ethereum, lo que diversifica sus fuentes de ingresos.

Estrategia Operativa
La estrategia de HIVE se basa en la diversificación de criptomonedas y el uso de energía renovable para mantener bajos costes y cumplir con las expectativas de los inversores institucionales interesados en sostenibilidad.

Rendimiento Financiero
En 2023, HIVE reportó ingresos superiores a los 160 millones de dólares. Su capacidad para diversificar sus operaciones mediante la minería de múltiples criptomonedas ha contribuido a estabilizar sus ingresos durante los ciclos de volatilidad de Bitcoin.

Perspectivas y Desafíos
HIVE sigue siendo una de las mineras de Bitcoin más innovadoras y sostenibles del mercado. Sin embargo, su enfoque en Ethereum también la expone a riesgos adicionales relacionados con el mercado de criptomonedas más amplio.

6.12. Core Scientific, Inc. (NASDAQ: CORZ)

Visión General
Core Scientific fue una de las principales mineras de Bitcoin de Estados Unidos y una de las mayores a nivel mundial antes de su reciente reestructuración financiera. Fundada en 2017, Core Scientific se expandió rápidamente, llegando a ser una de las empresas con mayor capacidad de minería de Bitcoin, pero enfrentó dificultades financieras que la llevaron a declararse en quiebra en 2022. Posteriormente pudo reestructurar su deuda y volver a crecer.

Infraestructura y Capacidad de Minería
Antes de su proceso de reestructuración, Core Scientific operaba con un hashrate superior a los 17 EH/s, lo que la posicionaba como una de las mineras más grandes del mundo. Sus operaciones estaban ubicadas en Georgia, Kentucky, Carolina del Norte, y Dakota del Norte, y la empresa contaba con contratos de suministro energético a largo plazo.

Estrategia Operativa
Core Scientific adoptó una estrategia de crecimiento acelerado, invirtiendo masivamente en infraestructura y equipos de minería. La empresa también ofrecía servicios de hosting a terceros, lo que diversificaba sus ingresos al proporcionar instalaciones para otras empresas de minería que no deseaban poseer su propia infraestructura. Actualmente está transicionando su modelo hacia el HPC (lo veremos más adelante).

Rendimiento Financiero
Core Scientific generó ingresos superiores a los 500 millones de dólares en 2021. Sin embargo, a medida que el precio de Bitcoin cayó en 2022 y los costes operativos aumentaron, la empresa comenzó a experimentar problemas de liquidez que finalmente la

llevaron a la reestructuració. Este proceso permitió a la empresa renegociar sus deudas y continuar sus operaciones mientras reconfiguraba su estructura financiera. Actualmente gracias a la firma de un contrato multimillonario en el ámbito del HPC se ha asegurado ingresos anuales superiores a los 500 millones de euros durante los próximos 12 años. De esta forma podrán realizar inversiones anticíclicas en el sector del Bitcoin. (Más adelante analizaremos en profundidad este caso).

Perspectivas y Desafíos
A pesar de los problemas financieros pasados, Core Scientific sigue siendo una empresa clave en el sector de la minería de Bitcoin actualmente con muy buena eficiencia operativa. Se está posicionando como líder en el mercado pivotando hacia la Inteligencia Artificial.

En conclusión, Estas empresas representan una nueva ola de mineras de Bitcoin cotizadas que están adoptando enfoques innovadores para competir en el sector. Algunas se destacan por su enfoque en la sostenibilidad y el uso de energías renovables, mientras que otras están diversificando sus ingresos mediante servicios de minería en la nube o la minería de múltiples criptomonedas.

Cada una de estas empresas presenta ventajas únicas, desde una infraestructura masiva y acuerdos energéticos favorables hasta diversificación de ingresos y enfoque en la sostenibilidad. Sin embargo, también enfrentan desafíos significativos relacionados con la volatilidad del mercado de criptomonedas, los cambios regulatorios y la competencia tecnológica.

Para los inversores interesados en este sector, es crucial evaluar no solo el rendimiento financiero de estas empresas, sino también su capacidad para adaptarse a los cambios en la industria de la minería de Bitcoin y sus planes para el futuro.

En el próximo capítulo, exploraremos las tendencias emergentes y el futuro de la minería de Bitcoin. Abordaremos los avances tecnológicos, adopción de energías renovables y oportunidades que el desarrollo de nuevos marcos regulatorios pueden generar.

7 EL FUTURO DE LA MINERÍA DE BITCOIN Y LAS OPORTUNIDADES DE INVERSIÓN

La minería de Bitcoin ha evolucionado rápidamente desde sus inicios, cuando los entusiastas utilizaban computadoras personales para minar bloques, hasta convertirse en una industria global que depende de instalaciones masivas y equipos especializados. A medida que el mercado de Bitcoin sigue creciendo y madurando, la industria minera enfrenta tanto desafíos como oportunidades que darán forma a su futuro.

En este capítulo, exploraremos las tendencias emergentes y el futuro de la minería de Bitcoin, analizando avances tecnológicos, el impacto de las energías renovables, los cambios regulatorios y otras dinámicas clave que influirán en las oportunidades de inversión en este sector.

Dejaremos para el próximo capítulo la tendencia más importante actualmente (transición de las mineras hacia centros de datos para la Inteligencia Artificial) ya que es un tema muy interesante que merece su propio apartado.

7.1. Avances Tecnológicos y Eficiencia Operativa

Uno de los factores más importantes que influirá en el futuro de la minería de Bitcoin es la evolución tecnológica. El desarrollo de nuevos equipos de minería más eficientes y poderosos es fundamental para que las empresas puedan mantenerse competitivas y rentables en un entorno donde la dificultad de minería sigue aumentando.

ASICs de Próxima Generación
Los ASICs son los dispositivos más utilizados en la minería de Bitcoin debido a su capacidad para realizar cálculos criptográficos de manera eficiente. A medida que el mercado madura, los principales fabricantes, como Bitmain y MicroBT, siguen desarrollando ASICs de última generación que prometen ser más rápidos y consumir menos energía.

• Mayor eficiencia energética: Uno de los avances clave será la reducción del consumo energético de los ASICs. Equipos más eficientes pueden generar más potencia computacional con menos electricidad, lo que reducirá los costes operativos de las mineras y aumentará sus márgenes de beneficio.

• Mayor poder de cómputo: Los nuevos ASICs también ofrecerán un mayor hashrate (capacidad computacional) por unidad, lo que permitirá a las empresas mineras aumentar su capacidad sin necesidad de expandir físicamente sus instalaciones.

Innovaciones en Refrigeración
La refrigeración de los equipos de minería es otro aspecto importante que afecta la eficiencia operativa. Las nuevas tecnologías de enfriamiento por inmersión líquida permiten a las mineras reducir el calor generado por los ASICs y aumentar su durabilidad. Estas soluciones no solo mejoran el rendimiento de los equipos, sino que también pueden reducir los costes de

energía dedicados a sistemas de refrigeración tradicionales.

Inteligencia Artificial y Minería Optimizada

El uso de la inteligencia artificial (IA) para optimizar las operaciones mineras es otra tendencia emergente. Las soluciones basadas en IA pueden monitorear el rendimiento de los ASICs en tiempo real, identificar problemas antes de que ocurran y ajustar los parámetros operativos para maximizar la eficiencia. A medida que la IA se integre más en las operaciones mineras, las empresas podrán reducir costes y aumentar la rentabilidad de manera significativa.

7.2. Impacto de las Energías Renovables en la Minería de Bitcoin

El consumo de energía es uno de los temas más controvertidos en la minería de Bitcoin. El creciente uso de electricidad para alimentar las operaciones mineras ha generado preocupaciones sobre el impacto ambiental y la huella de carbono de la industria. Sin embargo, las energías renovables están emergiendo como una solución clave para abordar estos desafíos y, al mismo tiempo, mejorar la sostenibilidad de la minería.

Energía Hidroeléctrica, Solar y Eólica

Muchas empresas mineras están migrando hacia regiones donde pueden aprovechar energías renovables como la hidroeléctrica, solar y eólica. Algunos paises ofrecen acceso a estas fuentes de energía a precios competitivos.

• Energía hidroeléctrica: Es una de las fuentes de energía más utilizadas por las mineras de Bitcoin, especialmente en regiones con abundancia de agua. La energía hidroeléctrica es barata, renovable y estable, lo que la convierte en una opción ideal para las operaciones de minería a gran escala.

• Energía solar y eólica: Aunque menos consistentes que la hidroeléctrica, las energías solar y eólica están ganando terreno en la minería de Bitcoin. Las empresas que operan en áreas con abundancia de sol o viento están instalando paneles solares y turbinas eólicas para reducir su dependencia de las redes eléctricas tradicionales y mejorar su perfil de sostenibilidad.

Incentivos Gubernamentales y ESG
Los gobiernos están comenzando a ofrecer incentivos fiscales y subsidios para las empresas mineras que utilizan energías renovables o que implementan tecnologías de bajo consumo energético. Estos incentivos podrían reducir los costes operativos y mejorar los márgenes de las mineras que adopten prácticas sostenibles.

Además, las empresas mineras que se alinean con los principios de inversión socialmente responsable (ESG) podrían atraer a más inversores institucionales que buscan cumplir con sus propios criterios de sostenibilidad.

7.3. Cambios Regulatorios y su Impacto en la Minería de Bitcoin

La regulación de las criptomonedas sigue siendo un tema de debate en todo el mundo, y la minería de Bitcoin no es una excepción. Como ya hemos comentado anteriormente, los gobiernos están evaluando cómo regular el sector para abordar preocupaciones ambientales, fiscales y de seguridad financiera. Los cambios regulatorios pueden tener un impacto significativo en la industria minera, tanto positivo como negativo.

Regulación Fiscal

Los gobiernos también están desarrollando marcos fiscales para las criptomonedas, que incluyen la imposición de impuestos a la minería. En algunos países, la minería de Bitcoin puede estar sujeta a impuestos adicionales sobre el uso de energía o sobre las recompensas obtenidas. Las empresas mineras deben estar preparadas para cumplir con estos nuevos requisitos fiscales y ajustar sus estrategias financieras en consecuencia.

Marco Regulatorio Global

A nivel global, la regulación de la minería de Bitcoin aún es fragmentada, pero existe una creciente colaboración entre los gobiernos para crear estándares más consistentes. Algunos países están comenzando a ver la minería de Bitcoin como una oportunidad económica, mientras que otros la perciben como una amenaza para sus sistemas energéticos. El resultado será un entorno regulatorio diverso en el que las empresas mineras tendrán que operar de manera flexible y estratégica.

7.4. Oportunidades en Nuevos Mercados y Expansión Geográfica

A medida que la minería de Bitcoin sigue expandiéndose, nuevas oportunidades están surgiendo en mercados no tradicionales. Los países en desarrollo y las regiones con exceso de capacidad energética están atrayendo a empresas mineras que buscan reducir costes y evitar la competencia en los mercados establecidos.

Mercados Emergentes

Países de América Latina, África y Asia Central están emergiendo como puntos calientes para la minería de Bitcoin. Estos mercados ofrecen electricidad barata y, en algunos casos, gobiernos dispuestos a apoyar la industria con incentivos fiscales o energéticos. Por ejemplo:

• Paraguay: Ofrece abundante energía hidroeléctrica a bajo costo, lo que ha atraído a varias empresas mineras.

• Kazajistán: Se ha convertido en un importante centro de minería después de que China prohibiera la minería en su territorio. Su acceso a energía barata y su marco regulatorio relativamente favorable lo hacen atractivo para las empresas.

Expansión Geográfica como Estrategia de Mitigación de Riesgos

La expansión geográfica es una estrategia clave para las empresas mineras que buscan mitigar los riesgos regulatorios y operativos. Al diversificar sus operaciones en diferentes países, las empresas pueden reducir su dependencia de un solo mercado o marco regulatorio y protegerse contra cambios imprevistos en las políticas gubernamentales.

7.5. El Halving de Bitcoin y su Efecto en la Minería

Como ya hemos visto, el halving de Bitcoin es uno de los eventos más importantes en el ecosistema de la criptomoneda y tiene un impacto directo en las empresas mineras.

Impacto en la Rentabilidad

Cada halving reduce la cantidad de Bitcoin que los mineros pueden ganar, lo que genera presión sobre las empresas para mejorar su eficiencia o aumentar su hashrate para compensar la disminución en las recompensas. Aunque históricamente los halvings han sido seguidos por aumentos en el precio de Bitcoin, las mineras deben estar preparadas para un período de menor rentabilidad inmediatamente después del evento.

7.6. Oportunidades de Inversión en el Futuro de la Minería de Bitcoin

A medida que la minería de Bitcoin sigue evolucionando, surgen nuevas oportunidades de inversión para aquellos interesados en el sector. Algunas de las oportunidades clave incluyen:

Inversión en Energía Renovable
La transición de las mineras hacia energías renovables presenta una oportunidad interesante para los inversores interesados en empresas que lideran el camino hacia la sostenibilidad. Empresas que adoptan un enfoque proactivo hacia el uso de energías limpias no solo reducirán sus costes operativos a largo plazo, sino que también atraerán a más inversores institucionales preocupados por los principios ESG.

Inversión en Innovación Tecnológica
Las empresas que lideran la adopción de nuevas tecnologías, como ASICs de última generación y soluciones de refrigeración avanzadas, serán los ganadores a largo plazo en el sector de la minería de Bitcoin. Invertir en empresas que se posicionan a la vanguardia de la innovación puede generar retornos significativos.

Participación en Mercados Emergentes
El auge de la minería de Bitcoin en mercados emergentes como América Latina y Asia Central también ofrece oportunidades para los inversores que busquen diversificación geográfica. Las empresas que aprovechen estos mercados para reducir costes y evitar la saturación en mercados más maduros estarán mejor

posicionadas para el crecimiento a largo plazo.

En conclusión, el futuro de la minería de Bitcoin está lleno de oportunidades y desafíos. Los avances tecnológicos, el aumento del uso de energías renovables, los cambios regulatorios y la expansión en nuevos mercados son factores que transformarán la industria en los próximos años. Para los inversores, el momento de involucrarse en este sector puede ser ahora, mientras la industria sigue desarrollándose y adaptándose a las nuevas realidades globales.

El éxito en la inversión en mineras de Bitcoin requerirá una comprensión profunda de las dinámicas operativas y regulatorias, así como la capacidad de identificar qué empresas están mejor posicionadas para enfrentar el futuro.

8 LA TRANSICIÓN HACIA CENTROS DE DATOS PARA LA INTELIGENCIA ARTIFICIAL (HPC)

A medida que el mercado de las criptomonedas y, específicamente, la minería de Bitcoin, madura y enfrenta desafíos como el aumento de la dificultad de minería, la volatilidad del precio de Bitcoin y las crecientes regulaciones energéticas, muchas de las principales empresas mineras cotizadas están buscando diversificar sus operaciones. Una de las direcciones más prometedoras es la transición hacia centros de datos de alta capacidad (HPC, High-Performance Computing), con un enfoque en brindar infraestructura para el creciente mercado de la inteligencia artificial (IA) y otras aplicaciones que requieren grandes cantidades de procesamiento de datos.

En este capítulo, exploraremos cómo y por qué las mineras de Bitcoin cotizadas están evolucionando hacia proveedores de infraestructura de HPC, cómo encaja la inteligencia artificial en este modelo, y qué oportunidades de inversión presenta esta tendencia emergente para los inversores interesados en el sector.

8.1. ¿Por Qué Están Transicionando las Mineras de Bitcoin Hacia Centros de Datos de HPC?

La minería de Bitcoin es una actividad altamente intensiva en el uso de recursos, particularmente en términos de consumo eléctrico y procesamiento computacional. Las granjas de minería requieren grandes cantidades de poder de cómputo para resolver los complejos problemas criptográficos que aseguran la red de Bitcoin. Sin embargo, estas mismas capacidades computacionales también pueden ser utilizadas para otras aplicaciones tecnológicas que requieren un procesamiento intensivo, como la inteligencia artificial, la simulación científica y el análisis de big data.

Varias razones están impulsando a las mineras de Bitcoin cotizadas a diversificarse hacia el mercado de HPC e inteligencia artificial:

Reducción de la Dependencia del Precio de Bitcoin

Una de las mayores preocupaciones para las mineras de Bitcoin es su alta dependencia del precio de la criptomoneda. Cuando el precio de Bitcoin cae, los márgenes de beneficio de estas empresas se ven gravemente afectados. Al diversificar sus fuentes de ingresos mediante la prestación de servicios de centros de datos de HPC para la inteligencia artificial, estas empresas pueden estabilizar sus ingresos, mitigando los efectos de la volatilidad del mercado de criptomonedas.

Utilización de Infraestructura Existente

Las granjas de minería de Bitcoin ya cuentan con una infraestructura de alta capacidad, como sistemas de refrigeración avanzados, acceso a energía barata y redundancia en las conexiones de red. Esta infraestructura es fácilmente adaptable para alojar servidores que procesan tareas de inteligencia artificial y otras aplicaciones de HPC. Las empresas pueden reutilizar o expandir sus instalaciones de minería para captar una nueva fuente de ingresos sin requerir inversiones de capital significativas.

Crecimiento Exponencial de la Demanda de HPC
El mercado de inteligencia artificial y computación en la nube está en auge. Empresas en todos los sectores, desde tecnología hasta finanzas, necesitan acceso a poder computacional masivo para entrenar modelos de inteligencia artificial, ejecutar simulaciones complejas y procesar grandes cantidades de datos. Las mineras de Bitcoin están bien posicionadas para satisfacer esta demanda al proporcionar centros de datos robustos que pueden adaptarse a estas aplicaciones.

Mejorar el Perfil de Sostenibilidad
La minería de Bitcoin ha sido criticada por su alto consumo de energía. Al diversificarse hacia servicios de HPC y AI, las empresas mineras pueden mejorar su perfil de sostenibilidad al optimizar el uso de energía y reducir su dependencia del proceso intensivo de minería. Además, al proporcionar infraestructura para el análisis de datos e inteligencia artificial, las empresas pueden aprovechar energías renovables de manera más eficiente.

8.2. Inteligencia Artificial y HPC: Un Mercado en Crecimiento

La inteligencia artificial, junto con el big data y el aprendizaje automático, se ha convertido en una de las áreas tecnológicas de mayor crecimiento en la última década. Estos avances requieren una enorme cantidad de poder computacional, y las aplicaciones de inteligencia artificial pueden beneficiarse de la capacidad ociosa que las mineras de Bitcoin pueden ofrecer en sus instalaciones.

La Inteligencia Artificial Requiere HPC

Los algoritmos de inteligencia artificial, especialmente los relacionados con el aprendizaje profundo (deep learning), requieren procesadores avanzados como las GPUs (unidades de procesamiento gráfico) y otros equipos de alto rendimiento. Los centros de datos de HPC son esenciales para entrenar grandes modelos de inteligencia artificial y procesar enormes volúmenes de datos.

Las empresas mineras que ya cuentan con una infraestructura de alto rendimiento pueden adaptarla para alojar estos servidores avanzados, transformándose en centros de datos escalables que apoyen tanto la minería de criptomonedas como las aplicaciones de inteligencia artificial.

Sectores que Demandan HPC

Además de la inteligencia artificial, muchos otros sectores están aumentando su demanda de servicios de HPC, entre los que se incluyen:

• Finanzas: La simulación de mercados financieros y el análisis de grandes volúmenes de datos requieren una gran capacidad de cómputo.

• Biotecnología y salud: Las investigaciones médicas, el desarrollo de fármacos y las simulaciones biológicas utilizan plataformas HPC para realizar cálculos complejos.

• Investigación científica: La astrofísica, la climatología y otras ciencias dependen de la computación de alto rendimiento para analizar datos de manera eficiente.

Las empresas mineras que transicionan hacia el HPC pueden aprovechar la demanda de estos sectores y diversificar aún más sus fuentes de ingresos.

8.3. Empresas Mineras que Están Liderando la Transición Hacia HPC

Varias de las principales mineras de Bitcoin cotizadas han comenzado a explorar el mercado de centros de datos de HPC para inteligencia artificial. Aquí analizamos algunas de las empresas que están a la vanguardia de esta transición:

HIVE Digital Technologies (HIVE)

HIVE fue una de las primeras mineras de criptomonedas en diversificarse hacia la infraestructura de HPC y big data. La empresa ha comenzado a ofrecer sus instalaciones para alojar servidores HPC, centrándose en aplicaciones como el modelado financiero y la inteligencia artificial. Su experiencia con minería de criptomonedas utilizando energías renovables también le da una ventaja competitiva, ya que puede proporcionar servicios de HPC de manera sostenible.

HIVE ha indicado que continuará expandiendo su capacidad para brindar servicios a empresas que buscan soluciones de alto rendimiento, aprovechando su infraestructura existente y su experiencia en gestión de centros de datos.

Hut 8 Mining (HUT)

Hut 8 es otra empresa minera que ha tomado medidas importantes hacia la diversificación en centros de datos de HPC. La empresa ha establecido un segmento especializado en computación de alto rendimiento, y ha comenzado a ofrecer servicios en la nube que incluyen modelado de inteligencia artificial y procesamiento de grandes volúmenes de datos.

La capacidad de Hut 8 para aprovechar la infraestructura existente y su enfoque en la eficiencia energética han facilitado esta transición. La empresa ha informado de un interés creciente por parte de clientes de sectores como la finanzas, biotecnología y gaming, lo que refleja la amplitud de las aplicaciones que pueden aprovechar los servicios de HPC.

Core Scientific (CORZ)

Core Scientific ha comenzado a redirigir parte de su capacidad hacia la provisión de infraestructura para la computación de alto rendimiento. La empresa tiene una de las mayores infraestructuras de centros de datos en Estados Unidos, con capacidad para ofrecer servicios de procesamiento intensivo más allá de la minería de Bitcoin.

Core Scientific ha identificado el mercado de inteligencia artificial y big data como una oportunidad estratégica para diversificar sus ingresos y estabilizar su posición financiera, utilizando sus extensas instalaciones para ofrecer servicios de HPC a empresas que demandan gran capacidad de cómputo.

Al final de este capítulo entraremos en detalle sobre cómo esta empresa está liderando la transformación de la minería de bitcoin hacia la inteligencia artificial, para entender como un cambio así puede afectar al negocio y al precio de las acciones, a la vez que sirve de ejemplo a las otras mineras que pueden querer hacer el mismo cambio de estrategia de negocio.

8.4. Desafíos y Oportunidades en la Transición a HPC

Aunque la transición hacia la infraestructura de HPC ofrece numerosas oportunidades para las empresas mineras de Bitcoin, también presenta algunos desafíos que deben tenerse en cuenta.

Competencia en el Mercado de HPC

A medida que más empresas mineras ingresan al mercado de HPC, la competencia también aumenta. Compañías establecidas en el sector de centros de datos en la nube, como Amazon Web

Services (AWS) y Google Cloud, ya tienen una sólida presencia y una infraestructura global para ofrecer servicios de HPC. Las mineras de Bitcoin tendrán que diferenciarse, ya sea mediante costes más bajos, uso de energías renovables o servicios especializados, para competir en este espacio.

Inversión Inicial y Adaptación
Si bien las empresas mineras ya tienen una infraestructura importante que puede ser utilizada para HPC, la transición completa aún requiere inversiones en equipos y tecnología adicionales. La adaptación de las instalaciones para soportar la demanda de procesamiento intensivo de inteligencia artificial podría requerir actualizaciones en las conexiones de red, almacenamiento y sistemas de refrigeración.

Demanda en Crecimiento
El lado positivo es que la demanda de servicios de HPC y computación para inteligencia artificial está en pleno crecimiento. Según estimaciones de mercado, la demanda de computación de alto rendimiento se duplicará en la próxima década, impulsada por la inteligencia artificial, el análisis de big data y la necesidad de simulaciones científicas. Las empresas que puedan capitalizar esta demanda estarán bien posicionadas para diversificar y aumentar sus ingresos.

8.5. Oportunidades de Inversión en Empresas Mineras que Transicionan hacia HPC

La transición hacia centros de datos de HPC representa una oportunidad atractiva para los inversores interesados en el futuro de la tecnología. Los inversores pueden beneficiarse de:

Diversificación de Ingresos

Las empresas mineras de Bitcoin que están avanzando hacia HPC están diversificando sus fuentes de ingresos, reduciendo su dependencia del precio de Bitcoin y accediendo a nuevos mercados en crecimiento, como la inteligencia artificial, la ciencia de datos y la investigación académica.

Mayor Estabilidad Financiera

El mercado de HPC y los servicios de IA tienden a ser menos volátiles que el mercado de criptomonedas. Las empresas mineras que logran expandirse en estos sectores pueden ofrecer a sus inversores una mayor estabilidad y previsibilidad en sus ingresos, lo que puede resultar en una menor volatilidad en el precio de las acciones.

Capitalización de Tendencias Tecnológicas

La inteligencia artificial y el procesamiento de datos son megatendencias que están transformando la economía global. Las empresas que se posicionan como proveedores de infraestructura clave para estas tecnologías podrán beneficiarse a largo plazo del crecimiento en estos sectores.

En definitiva, las empresas mineras de Bitcoin cotizadas están realizando una transición importante hacia convertirse en centros de datos de alta capacidad (HPC), aprovechando la creciente demanda de procesamiento de datos para inteligencia artificial y otras aplicaciones intensivas. Esta evolución les ofrece una oportunidad para diversificar sus fuentes de ingresos, mejorar su estabilidad financiera y capitalizar el crecimiento exponencial de la inteligencia artificial y el análisis de big data.

Aunque enfrentarán competencia en el espacio de los centros de datos en la nube, su infraestructura ya establecida y su experiencia en operaciones de gran escala les da una ventaja estratégica. Para los inversores, este cambio hacia HPC presenta una nueva vía de crecimiento en el sector de las criptomonedas, alineada con las tendencias tecnológicas más avanzadas del siglo XXI.

8.6. El Contrato de Core Scientific con CoreWeave que anima a las demás mineras a transicionar hacia la Inteligencia Artificial (IA)

Core Scientific (CORZ), ha experimentado una evolución significativa en su modelo de negocio en los últimos años diversificándose más allá de la minería de Bitcoin. Una parte clave de esta estrategia ha sido la firma de un contrato con CoreWeave, una empresa líder en infraestructura de GPU y servicios en la nube para la inteligencia artificial (IA). Este acuerdo es un componente central en la transición de Core Scientific hacia convertirse en un proveedor de centros de datos de alto rendimiento (HPC), con un enfoque en IA y otras aplicaciones intensivas en computación.

A continuación, exploraremos cómo este contrato con CoreWeave ha redefinido el futuro de Core Scientific, la creciente importancia de los ingresos relacionados con IA, y cómo este cambio ha impactado de manera positiva en el precio de sus acciones.

8.6.1. El Acuerdo con CoreWeave: Diversificación Estratégica Hacia la IA

CoreWeave es una empresa especializada en ofrecer infraestructura de GPU y servicios en la nube para IA, big data y aplicaciones de aprendizaje profundo. Su enfoque está en satisfacer la demanda creciente de computación de alto rendimiento para entrenar modelos de IA, procesar datos masivos y ejecutar simulaciones complejas. Esta demanda es impulsada por la rápida adopción de IA en una variedad de industrias.

El acuerdo entre Core Scientific y CoreWeave busca capitalizar la infraestructura masiva que Core Scientific ha desarrollado originalmente para la minería de Bitcoin. Gracias a su infraestructura de centros de datos escalables, Core Scientific puede ofrecer a CoreWeave la capacidad computacional necesaria para soportar sus servicios en la nube, orientados a empresas que necesitan procesamiento de datos intensivo.

Aprovechamiento de la Infraestructura Existente

La infraestructura ya construida por Core Scientific para la minería de Bitcoin, incluidas sus instalaciones de alta capacidad energética, sistemas de refrigeración avanzados y conectividad de red, es perfectamente adecuada para adaptarse a las necesidades de computación intensiva que demandan las aplicaciones de IA. Esto significa que Core Scientific puede diversificar sus ingresos sin tener que realizar inversiones significativas en nueva infraestructura.

Reducción de la Dependencia del Bitcoin

Tradicionalmente, los ingresos de Core Scientific provenían casi exclusivamente de la minería de Bitcoin, una actividad altamente dependiente del precio de la criptomoneda. La volatilidad del mercado de Bitcoin ha sido uno de los mayores riesgos para las empresas mineras, afectando sus márgenes de beneficio de manera impredecible. La transición hacia la computación de IA permite a Core Scientific reducir esta dependencia y ofrecer servicios en un sector de rápido crecimiento que es más estable y predecible.

8.6.2. Inteligencia Artificial: El Nuevo Motor de Ingresos

Core Scientific ha dejado claro que ve un futuro en el cual la mayoría de sus ingresos provendrán de servicios relacionados con la inteligencia artificial y la computación de alto rendimiento (HPC), en lugar de la minería de Bitcoin. Esta estrategia es parte de un movimiento más amplio dentro de la industria de las criptomonedas, donde las empresas buscan diversificarse en sectores más sostenibles y menos volátiles.

Demanda en Crecimiento para IA y HPC

El mercado de la inteligencia artificial y la computación de alto rendimiento está en expansión acelerada. Las empresas de una amplia gama de industrias, como la biotecnología, finanzas, automoción, salud, y tecnología, están adoptando modelos de IA para mejorar la eficiencia, la toma de decisiones y la innovación. Todos estos avances requieren cantidades masivas de capacidad computacional que Core Scientific, a través de su asociación con CoreWeave, está bien posicionada para proporcionar.

- Entrenamiento de Modelos de IA: El entrenamiento de modelos de aprendizaje profundo y otras aplicaciones de inteligencia artificial necesita grandes volúmenes de datos y poder de procesamiento, que solo centros de datos masivos como los de Core Scientific pueden ofrecer.
- Crecimiento del Big Data: La IA y el análisis de big data están impulsando una creciente demanda de servicios de HPC que permiten procesar y analizar grandes conjuntos de datos de manera eficiente.

Estabilidad en los Ingresos

A diferencia de la minería de Bitcoin, cuyos ingresos pueden fluctuar drásticamente según el precio de la criptomoneda, los contratos de computación de alto rendimiento y servicios de nube para IA tienden a ser a largo plazo y más predecibles. Esto permite a Core Scientific generar ingresos estables y recurrentes, lo que mejora su perfil financiero y reduce el riesgo asociado con la volatilidad de las criptomonedas.

Impacto Positivo en el Precio de las Acciones
La firma del contrato con CoreWeave y la transición de Core Scientific hacia los ingresos provenientes de la inteligencia artificial han tenido un impacto positivo en el precio de sus acciones, que han pasado de valer 3,5$ a 10$.

Aumento de la Confianza de los Inversores
Con este contrato, los inversores ahora ven a Core Scientific no solo como una empresa minera de criptomonedas, sino como un actor clave en el creciente mercado de infraestructura para inteligencia artificial y HPC. Esta percepción ha generado un aumento en la demanda de acciones, impulsando su precio al alza. Además, los analistas han revisado al alza sus expectativas de crecimiento para la empresa, lo que ha añadido aún más presión positiva sobre el valor de sus acciones.

Perspectivas Futuras
Las expectativas a largo plazo son optimistas. Con un mercado de inteligencia artificial en expansión y la creciente demanda de servicios de computación de alto rendimiento, los inversores anticipan que Core Scientific puede capturar una parte significativa de este mercado, lo que le permitirá consolidar su posición y generar ingresos sustanciales y más estables en comparación con su antigua dependencia del mercado de Bitcoin.

Oportunidades para los Inversores
La diversificación de Core Scientific hacia el mercado de IA y HPC presenta varias oportunidades para los inversores, particularmente aquellos que buscan exposición a sectores tecnológicos en rápido crecimiento con un enfoque en infraestructura.

Exposición a la Inteligencia Artificial

La inteligencia artificial es una de las tendencias tecnológicas más importantes del siglo XXI, y la demanda de infraestructura de computación para IA está en auge. Invertir en Core Scientific brinda a los inversores acceso a este crecimiento, particularmente en el espacio de la computación en la nube y los centros de datos de alta capacidad.

Diversificación del Riesgo

Al mover su foco de ingresos hacia la computación de IA y lejos de la minería de Bitcoin, Core Scientific ofrece a los inversores una oportunidad de reducir la exposición a la volatilidad del mercado de criptomonedas, proporcionando una fuente de ingresos más estable y predecible.

Crecimiento del Mercado de HPC

El mercado de la computación de alto rendimiento también está creciendo rápidamente, impulsado por aplicaciones en investigación científica, análisis financiero, simulaciones de IA, y mucho más. Core Scientific, a través de su infraestructura existente, está bien posicionada para aprovechar este mercado en expansión.

En resumen, podemos estar en el inicio de un cambio generalizado en el sector de la minería, siendo Core Scientific el primero y líder en esta transición. En el capítulo final, ofreceré algunas reflexiones finales sobre cómo los inversores pueden aprovechar las oportunidades en este sector en constante evolución.

9 CONCLUSIÓN: CÓMO APROVECHAR EL CRECIMIENTO DE LA MINERÍA DE BITCOIN

A lo largo de este libro, hemos explorado las dinámicas fundamentales que rigen la industria de la minería de Bitcoin, así como las estrategias y consideraciones clave que los inversores deben tener en cuenta. Desde el análisis de las empresas más prominentes hasta los riesgos asociados y las oportunidades de crecimiento, queda claro que la minería de Bitcoin es un sector en expansión, con potencial para generar rentabilidades significativas, pero también con riesgos considerables que requieren una gestión cuidadosa.

En este capítulo final, resumimos los puntos clave abordados a lo largo del libro y ofrecemos una guía práctica sobre cómo los inversores pueden aprovechar el crecimiento del sector de minería de Bitcoin, mientras minimizan los riesgos y maximizan sus oportunidades de éxito.

9.1. Oportunidades Futuras en la Minería de Bitcoin

La minería de Bitcoin sigue siendo un sector en evolución con numerosas oportunidades de crecimiento, tanto para las empresas mineras como para los inversores.

Avances Tecnológicos
El futuro de la minería de Bitcoin estará marcado por innovaciones tecnológicas que mejorarán la eficiencia y reducirán los costes operativos. Los ASICs de próxima generación, las soluciones de refrigeración avanzada y el uso de inteligencia artificial para optimizar las operaciones mineras serán factores clave que permitirán a las empresas mantenerse competitivas en un entorno de creciente dificultad de minería.

Energías Renovables y Sostenibilidad
La transición hacia energías renovables será un motor importante para el crecimiento sostenible de la minería de Bitcoin. Las empresas que inviertan en fuentes de energía limpias, como la hidroeléctrica, solar y eólica, no solo reducirán sus costes a largo plazo, sino que también estarán mejor posicionadas para cumplir con las futuras regulaciones ambientales.

Además, las iniciativas alineadas con los principios de inversión responsable (ESG) atraerán a inversores institucionales que buscan oportunidades en sectores sostenibles.

Expansión Geográfica
Las empresas mineras que expandan sus operaciones a nuevos mercados con costes energéticos bajos o incentivos gubernamentales favorables, como algunos países en América Latina o Asia Central, podrán acceder a mayores márgenes de rentabilidad y mitigar los riesgos regulatorios en mercados más maduros.

Oportunidades en la Integración con el Sector Financiero
A medida que las criptomonedas continúan ganando aceptación entre los inversores institucionales, las empresas mineras de Bitcoin podrían beneficiarse de una mayor integración con el

sector financiero tradicional. Las colaboraciones con bancos o plataformas de inversión que buscan exposición al mercado de criptomonedas podrían abrir nuevas fuentes de ingresos para las mineras.

9.2. Cómo Aprovechar el Crecimiento del Sector

A continuación, presentamos algunas recomendaciones clave para que los inversores puedan aprovechar el crecimiento de la industria minera de Bitcoin de manera informada y estratégica.

Investigación y Evaluación Constante
El mercado de criptomonedas es dinámico y evoluciona rápidamente. Para maximizar el potencial de retorno, los inversores deben realizar una investigación continua sobre las empresas mineras y los factores externos que pueden afectar su desempeño. Mantenerse actualizado sobre los cambios regulatorios, los avances tecnológicos y las tendencias del mercado de criptomonedas es esencial.

Diversificación del Portafolio
Dado el alto riesgo asociado con la volatilidad del Bitcoin, es recomendable que los inversores diversifiquen sus portafolios. Una estrategia bien equilibrada que incluya tanto mineras de Bitcoin como activos menos volátiles (como bonos o acciones de sectores tradicionales) puede ofrecer una mayor estabilidad y protección frente a caídas inesperadas en el precio de las criptomonedas.

Monitorear los Ciclos del Mercado
El halving de Bitcoin y los ciclos de mercado son eventos clave que pueden afectar la rentabilidad de las mineras. Los inversores deben ser conscientes de estos ciclos y ajustar sus estrategias de

compra y venta en consecuencia. Comprar en momentos de precios bajos, como durante un ciclo bajista, y vender en ciclos alcistas puede maximizar las ganancias.

Aprovechar la Volatilidad con Inversiones a Largo Plazo
Aunque la minería de Bitcoin es una industria volátil, aquellos inversores con una visión a largo plazo podrían obtener beneficios significativos al mantenerse firmes durante los períodos de inestabilidad del mercado. Las empresas mineras que sean capaces de resistir las recesiones del mercado y adaptarse a los cambios tecnológicos y regulatorios estarán bien posicionadas para prosperar en el futuro.

9.3. Reflexiones Finales

La inversión en mineras de Bitcoin cotizadas en bolsa representa una oportunidad única en el dinámico y en constante evolución mundo de las criptomonedas. A medida que el Bitcoin sigue consolidándose como una clase de activo importante, las empresas dedicadas a la minería de criptomonedas han surgido como vehículos clave para aquellos que desean obtener exposición al sector sin comprar directamente la criptomoneda.

A lo largo de este libro, hemos explorado los aspectos fundamentales y estratégicos que los inversores deben tener en cuenta al evaluar las mineras de Bitcoin. Desde el análisis del hashrate y la eficiencia energética hasta la comprensión de las tendencias tecnológicas como la adopción de energías renovables y el uso de la inteligencia artificial (IA), hemos desglosado los factores que impulsan el éxito de estas empresas.

Uno de los aspectos más emocionantes de este sector es su constante evolución. Lo que hoy es un desafío, como los altos costes energéticos o la volatilidad del mercado de criptomonedas, mañana puede ser una oportunidad. Las mineras de Bitcoin han comenzado a diversificar sus ingresos y a optimizar sus operaciones, adoptando tecnologías de vanguardia que no solo mejoran su rentabilidad, sino que también las preparan para el futuro.

Este libro ha puesto en relieve las múltiples oportunidades para los inversores que buscan expandir su portafolio en el ámbito de las criptomonedas a través de empresas sólidas y cotizadas. Sin embargo, también es fundamental tener en cuenta los riesgos inherentes a esta industria, tales como las fluctuaciones en el precio del Bitcoin, las regulaciones emergentes y los avances tecnológicos disruptivos como la computación cuántica.

En resumen, invertir en mineras de Bitcoin cotizadas no es solo una apuesta por el Bitcoin, sino también por el futuro de la tecnología blockchain, la energía renovable y las aplicaciones de alto rendimiento. Con una estrategia informada y una comprensión profunda de las tendencias del mercado, este sector ofrece una de las oportunidades más interesantes para los inversores a largo plazo.

El futuro es incierto, pero también está lleno de posibilidades para quienes sepan identificar y capitalizar estas oportunidades. ¡El momento para explorar el mundo de la minería de Bitcoin y sus proyecciones está aquí!

www.ingramcontent.com/pod-product-compliance
Lightning Source LLC
Chambersburg PA
CBHW070349230526
45471CB00006B/2484